人類怎麼學

比大數據更重要的事，
人類學教你顛覆成見、突破盲點的洞察思考

Think Like an Anthropologist

Matthew Engelke
馬修・恩格爾克——著
許可欣——譯

獻給

蕾貝卡（Rebecca）

目　次

推薦序

一門改變我視野的學科

阿潑（媒體工作者）

我並不是人類學的好學生。學生時期幾乎埋頭在查單字（相信我，讀人類學你會看到許多畢生不會見到的英文，像是各種紡織品），但單字查完後，卻還是維持在「到底在說什麼」的混沌狀態。直至現在，回想起過往讀過的文化人類學文獻，我也感到心虛，有些理論我至今仍未完全讀懂，包含人類學經典理論案例「庫拉圈」。

看完人類學者馬修．恩格爾克的《人類怎麼學》之後，有種相見恨晚的感覺——如果當初有這本書可以讀，我就不用腦筋打結了，但也是因為讀了這本書，我才後知後覺地發現：儘管人類學教導我們要進入「野蠻人的心智」，要「掛在意義之網上」，也要掌握「土著觀點」，我卻沒有想到把人類學家的思想視為田野，嘗試進入「人類學家的心智」。

絕大多數人類學系所學生，初學文化人類學的腳步，應該與我相同，是跟著這個學門理論發展的演進往前。因此，我們可以看到人類學家最初的思考與這個學門的樣態，也可以看到其後的人類學家如何發展出新的理論與研究方法，甚至去推翻之前的理論，或據此產生新論述。最經典的或許就是鮑亞士及其學生以「文化相對論」駁斥「生物決定論」。

這個學習路徑有其系統，但每一個理論類別都很龐大，對我這種能力不足的學生而言，便相當吃力。而恩格爾克的書寫，並不講究理論系統，而是透過「文化」、「文明」、「價值」、「血液」、「認同」等文化人類學時常提到的概念做分類，再細說人類學家如何思考闡述這些概念，而他們對此概念的田野實例為何，理論如何被推進，如何相互補充，又有哪些不足。換句話說，比起理論，或許恩格爾克側重的是這些概念在文化人類學中怎麼被呈現與論證。

對於大多數受過基本教育的人來說，這些概念一望即知，何以需要解釋？但人類學「麻煩」之處，即在於「你的文化不是我的文化」，就算面對同樣的詞，不同文化不同經驗者，會有不同認知。這或許是我等人類學學徒最初困限的原因——從零開始認識異文化之前，須先認知到彼此根本性的不同。例如，身在亞熱帶，我們對於冰雪只有一個指稱，但對北海道民或愛斯基摩人來說，冰雪有各種樣態與名稱，因為那就是他們的生活環境，而環境會影響語言文化。因此，在人類學中，「文化」的意涵比你我平日使用與認知到的「文化」範圍更大更立體，這是因為人類學中所謂的人類，即是會使用手產製文化的直立人，換言之，人類與動物的分別，就是「文化」。

恩格爾克是劍指人類學的概念核心。了解文化乃至於文化人類學的概念，對於認識人類社會的歧異性很重要——再次重申，必須先認知到有差異，才不會帶著文化本位看待他者或異文化，也才能感知人類世界的多樣性。如他自己於導言所言，他對人類學這個學門的心領神悟，是大一讀了馬歇爾．薩林斯的文章，而薩林斯在這篇題為〈原初豐裕社會〉一文中，透過實際案例揭露世人對打獵採集者的偏見和誤解。讀了這篇文章，恩格爾克這時才知道自己對於「豐裕」的認識太狹窄了：

> 從薩林斯文章中學到的這一課，讓我反思自以為知道該如何使用、該如何思考的詞彙，而這只是第一課。身為一名學生，我很快地了解到人類學善於挑戰概念、質疑「常識」。這門學科最常掛在嘴邊的標語就是「我們讓熟悉變得陌生，讓陌生變得熟悉」，雖然是陳腔濫調，但事實的確如此。而質疑的過程，顛覆事物的過程，就是持久不變的價值。

如前所述，初學人類學時，我對文化人類學理論總一知半解，有很大原因是我從一個「依據自己的文化與價值」而行動的新聞訓練，與媒體工作者慣習的視角，從一個結構分明、價值清楚，能看見性別階級的位置，轉到一個必須「置於其中」「深描」，但在長篇大論之後卻不會給你論斷的學門。這個轉換，老實說，並不容易。

許多人可能也跟我一樣，抱著每週讀本閱讀時，都會懷疑自己——我桌前有張世界地圖，但我在文獻讀本裡讀到的地名，在地圖上都找不到。但凡任何一個人類學系所的學生都知道馬凌諾斯基的田野地「初步蘭島」，卻鮮少有人能在地圖或旅遊導覽上看到它。人類學研究者的地圖總是和別人不一樣。所以，讀人類學有什麼用？

我曾在飛往印度的班機上，嘗試將沉重的行李放上座椅上的置物架，靠走道的印度人把玩著當時屬於高階功能的照相手機，無意幫忙。我以為他個性自私，或者不想與我接觸，才裝作若無其事，但等我坐進座位，他卻熱情地與我聊天，最後還自拍一張合照。我非常疑惑，鄰座夥伴悄聲說，他曾讀過一本日本人寫的書，談印度的種姓制度：「這個人的階級，可能不允許他做這種出勞力的事。」

當時我腦袋浮現的圖像，約莫就是歐洲中世紀貴族與他的奴僕，或是中國古代王朝的王室與宦婢，甚至是資本主義的「階級」，故有些憤憤不平。與恩格爾克一樣，被人類學研究啟發——閱讀杜蒙的「階序人」後，方知曉種姓制度並沒有這麼簡單，壓根不是我經驗中的「階級」那個帶有「權力」與「發號施令」的概念，而是「一個整體的各個要素，依據其與整體的關係來排列等級所使用的原則」。「潔與不潔的對立」是這個制度的基礎。

恩格爾克也有提到杜蒙的研究，他如此寫道：

當然，階級是這個制度裡的價值。純潔也是，事實上，杜蒙在他的研究中經常強調純潔：關於一個人可以和誰吃飯、和誰互動、如何維護一座廟宇等所有嚴格規則。但杜蒙對階級的興趣分為兩個層面，他對高層面更感興趣，我們可以稱之為日常生活層面。他認為，階級不應和社會分層相混淆，而西方對種姓制度的批評者經常會混淆這兩點。不僅僅是因為在結構層面上，每個價值系統都是有階級的，包括我們在《法國人權宣言》或大西洋彼岸的《獨立宣言》中看到的。

他說，在理論層次上，階級只是「元素相對於整體而言的排列原則」。因此，在杜蒙看來，西方某些善意的種姓制度批評者，因為無法認清自己的價值體系，才會讓自己的研究失敗。

儘管恩格爾克也是以杜蒙的研究來對抗西方褊狹的認知，卻不認為杜蒙的論述就是好的，甚至指出《唐頓莊園》這部熱門戲劇都比較能夠呈現「價值觀」。然而，這也正是人類學的有趣之處，人類學家可以透過田野資料或研究剖析他者或文化，讓它的肌理能夠被完整呈現，卻無法等同於其自身的認同、價值或喜好。這是以人類心智探索人類心智的動態展現。

如恩格爾克所述：

對馬凌諾斯基而言，人類學的全部意義在於捕捉「土著觀點，人與生活的關係……人對世界的看法」。從這個意義上來說，擁有這種「觀點」不表示它只是一種意見，不是土著喜歡芋頭更勝甘薯山藥，不是喜不喜歡敞篷車，或是工黨做出什麼承諾。在這個脈絡中，觀點更加全面，反映我們所認為的常識，或是事物的正確秩序，例如不把蟋蟀當食物。

我並非一個人類學家，沒有任何學術研究生產，更無各種理論發現。我對人類學理論實不熟悉，但人類學的思考給了我很大的啟發，並改變了視野。如果要用一句話來說明人類學對我的影響，或許就如我的研究所老師許木杜教授在課堂上老是掛在嘴邊的那句英文：「Don't take it for granted.」（不要用自身的文化本位來看異文化或他者。）

人類世界複雜多樣，無法簡單被化約，我因媒體工作與旅行所面對的諸多問題，希望找到理解的路徑或方法而走入人類學這門知識領域，但對於議題倡議、國際貿易、外交工作、觀光服務業、社會福利，乃至於公共衛生等需要與人接觸的專業人士，或僅僅對他者或世界產生好奇的一般人，都需要人類學這門學問的啟發。在知道我就讀人類學研究所後，新聞系的老師並未對我這個新聞逃兵表示可惜，反而是認同這個決定：「好的記者就是一個好的人類學家。」

仍要再次強調，我不是人類學的好學生，但我衷心認為人類學是極其迷人的學門，它不僅僅是一個知識的取徑，更是帶著探索的野心，是人類思維的展現。而《人類怎麼學》簡明地呈現這一切。

最後一提，在我讀人類學研究所的第一年，相當仰賴同班同學的民族誌閱讀筆記，臺大人類學系畢業的她，具有相當好的知識與語言基礎，給我不小幫助——這位同學就是本書譯者。在閱讀書稿、看著那些論述的過程中，不時勾起當年讀書的記憶（或是對該人類學家的抱怨？）。因此，讀者也可以將此書視為一份清晰易讀的人類學筆記，願你們跟我一樣得以進入這些人類學家的腦袋裡。

導言

熟悉與陌生

一八七九年夏天，弗蘭克．漢密爾頓．邱辛（Frank Hamilton Cushing）離開他在史密森尼學會（Smithsonian Institution）的辦公桌，到新墨西哥進行三個月的研究。在聯邦政府民族學局（Bureau of Ethnology）的支持下，他的任務是盡可能找出「有關普韋布洛印第安人（Pueblo Indians）典型部落」的一切。[1]

邱辛選擇了普韋布洛的尊尼人（Zuni）。他著迷於尊尼人的農耕與灌溉法、畜牧業、製陶技術和精緻的儀式舞蹈。他待的時間超過了三個月——其實比三個月長得多，最終將近五年的時間。等他在一八八四年回到華盛頓特區，他已經可以流利地使用尊尼語，製陶技術也相當不錯。除了美國助理民族學家外，還多了一個新的頭銜：「尊尼人第一戰爭首領」。

邱辛針對他在尊尼部落的日子發表了幾篇文章，還為這個系列取了一個相當平淡的標題：「尊尼人的麵包事」。然而尊尼人對食物的態度，對種植穀物的態度，一點也不平淡無奇。從邱辛的文章中，我們不只了解尊尼人如何耕種或烘烤玉米麵包。在這系列文章中，他也闡述了好客的重要性，並解釋祖輩如何對年幼的孩子灌輸耐心、尊重和努力工作的價值觀，同時詮釋卡卡節（Kâ'-Kâ festival）豐富的象徵意義如何強調從妻居的行為（uxorilocal，男性在婚後到妻子家田地居住的專有名詞）。[2]尊尼人這種處理食物的方式是他們的文化，說明社會在這種嚴峻無情的環境裡，如何透過共有的連結和相互關係而繁榮發展。「耐心的讀者，請原諒我在尊尼人的玉米田裡逗留這麼久，」他寫道，「無論我們多仔細觀察這些綠色或金黃色的穀物、它們黝黑主人的規則和行為，我們只能勉強稱得上略知一二。」[3]

二〇〇〇年，加州柏克萊的凱特琳・札魯姆（Caitlin Zaloom）到倫敦進行期貨交易的研究。札魯姆已在一九九八年花了六個月做芝加哥期貨交易所的跑單人。跑單人的價值已經通過了時間的考驗；這些人手上拿著客戶在電話另一端下的訂單，在交易大廳裡跑來跑去。札魯姆寫道，芝加哥交易場是一個「金融混戰」，「跑單人經常會將彼此撞開」，而且「噪音震耳欲聾」。[4]然而，讓這些雄心壯志的資本家心煩的並非大廳的混亂，而是電子時代的來臨。電子交易就要開始，它在幾年內就會劇烈改變他們工作的本質。和在芝加哥一樣，札魯姆到倫敦後，每天黎明時分就起床進入市區。不過，她在那裡沒有穿上交易員的外套，也沒有和場內同事摩肩擦踵。「我每天花九個小時盯著我的螢幕，手指輕輕放在滑鼠上，準備在獲利出現的時間點按下滑鼠。」[5]

比起尊尼人的玉米田，人們或許認為德國國債期貨更接近權力運作，但它卻算不上是引人入勝的議題。然而，對札魯姆而言，期貨交易是通往更大市場、道德和理性概念的一扇窗，這扇窗也能看見全球化的過程，而全球化也因新技術、市場制度和特定文化的交換體系而推進。她對電子交易特別感興趣之處在於，它在多大程度上提供一個真正「自由」的市場——這個市場以電子無實體交易的理性為基礎，而非人與人真正的摩肩擦踵。電子交易的承諾是不再局限交易的場所，幾乎就像脫離了文化；你不再被阻礙獲利的偏見或背景因素影響。但如札魯姆明確指出的，這個承諾未能達成，大部分原因是你無法脫離文化——你不能在無文化的區域交易期貨。

尊尼人的邱辛、倫敦的札魯姆，這就是人類學。過去一百五十年來，人類學學科因對人類文化表現、組織及認同的好奇而前進。我們何以為人？何以都有共享的事物？自社會和歷史的情況中傳承了什麼？那些看似渺小的細節，例如玉米的文化重要性或是電腦的使用，能告訴我們什麼關於自己的事？

人類學向來在處理自然與文化、普同性與特殊性、模式與多樣性、相似性與差異性的交集。隨著時間的推移，人類學的研究也發生了變化。在邱辛那時候，以達爾文的生物學發現為模型構成的社會進化論，推動了新興的人類學處理文化多樣性的方式；當時，尊尼人被認為處於人類發展的早期階段。今日，像札魯姆這樣的人類學家更有可能認為，無論是以物易物的小型社會，或數位空間裡的電子貿易，都要用同樣的框架看待。這個過程中還有其他觀點曾占主導地位，甚至到了今日也還有不同的觀點：例如認知人類學、後現代人類學、馬克思主義和結構主義；包括我在內的大多數人都不會將自己歸類到這些標籤中，而偏好自己創造的框架。但將它們繫在一起的，是文化的針法。

本書聚焦於邱辛和札魯姆所做的這類研究，通常被稱為社會或文化人類學。我也是做這類研究——所以也有這樣的傾向。但並非所有人類學家都研究處於特定地方或社群中活生生、會呼吸的人類。在某些國家的學科傳統中，除了文化之外，也研究人類的生物及演化面向。考古學和語言學也是人類學的重要領域。換句話說，有些人類學家著重牙齒和臀骨；其他則聚焦於史前聚落模式能訴說什麼有關農業、冶鐵和國家形成的訊息；還有一些人類學家在乎的是班圖語名詞類別和音韻學（對語言中聲音組織的研究）的技術面向。考古學、語言學和文化的連結很明顯：畢竟，考古學關注的是「物質文化」；語言和文化則是一體兩面的事。（此外，多數語言人類學家會研究語言使用，而非它的抽象形式，意即在特定時間地點的脈絡下研究語言，這和文化人類學家很像。）然而即使是解剖學和演化論的人類學專家，建構文化仍是他們的主要興趣。生物人類學家研究我們腦部的容量、牙齒的組成及大腿骨的力量，希望找出語言、工具使用的源頭，以及人為何開始雙足行走。簡言之，這就是文化。

第一次接觸：個人故事

我清楚記得自己讀的第一篇人類學文章。當時我大一，在芝加哥的寒夜裡瑟縮在圖書館裡。印象這麼深刻的原因是當時我太震驚了，它挑戰了我對這個世界思考的方式，或許也可以說是它帶來了一場小型的文化衝擊。那篇文章的題目是〈原初豐裕社會〉（The Original Affluent Society），作者是馬歇爾．薩林斯（Marshall Sahlins），人類學界最重要的人物之一。薩林斯在文章中詳細說明了現代西方對經濟理性和行為的理解，例如在經濟學教科書中的內容。他以此揭露了對採集狩獵者的偏見和誤解：在喀拉哈里沙漠、剛果叢林、澳洲或其他地方的游群。他們過著游居生活，幾乎沒有財產，也沒有精緻的物質文化。這些人靠狩獵野生動物、採集莓果維生，並在必要的時候遷移。

薩林斯指出，在教科書的假設中，這些人一定過著悲慘、飢餓的生活，每天掙扎著活下去，只要看看他們就知道：他們大多只纏腰布、居無定所，也幾乎沒有財產。這種生活貧乏的假設源自於一個更基礎的假設：人類總是欲求不滿，用有限的手段滿足無限的欲望。根據這種思考方式，一定是採集狩獵者無法做到更好。他們的行為並非出自選擇，而是不得已而為之。在西方的觀點裡，採集狩獵者「擁有資產階級的衝動和舊石器時代的工具」，所以「我們可以提前判斷他的情況是毫無希望的」。[6]然而，薩林斯援引數篇人類學研究，證明「欲望」和採集狩獵者的生活方式並沒有太大的關係。舉例來說，在許多澳洲和非洲的此類群體中，成年人每天平均工作不超過三到五小時，就能滿足他們的需求。人類學家在研究這些社會時了解到，這些人可以增加工作量，但他們不想要這麼做。他們沒有資產階級的衝動，他們的價值觀與我們不同。薩林斯總結道：「世界上最原始的人們沒有什麼財產，但他們並不窮……貧窮是一種社會地位，是文明所創造的。」[7]

讀完薩林斯的文章後，我再也無法接受別人用相同的方式討論「豐裕」，我再也無法自在地面對自己對意義的假設，也意識到自己的假設經常披上危險的常識外衣。從薩林斯文章中學到的這一課，讓我反思自以為知道該如何使用、該如何思考的詞彙，而這只是第一課。身為一名學生，我很快地了解到人類學善於挑戰概念、質疑「常識」。這門學科最常掛在嘴邊的標語就是我們讓熟悉變得陌生，讓陌生變得熟悉，雖然是陳腔濫調，但事實的確如此。而質疑的過程、顛覆事物的過程，就是永恆的價值。

在接下來的章節裡，我汲取薩林斯書中的內容——以及每一本人類學的佳作——開始探索並挑戰概念。這些不是技術概念，而是每個人都熟悉的題目，事實上，它們出現在每日的對話中，而且是有目的地存在。人類學通常對平凡的事物感興趣，我將先從人類學最基本的關注點——文化——開始，然後繼續討論一些較細的主題：文明、價值觀、價值、血液、認同、權威、思考和自然。這是一份簡單的清單；我也很清楚自己遺漏了什麼，「社會」呢？「權力」呢？但事無鉅細是沒有意義的，總是會漏掉什麼詞彙沒有討論。這本書是一張帶有定位點的地圖，它是為了帶你走向更大的領域——我們生活的領域——一個現在或未來都由重視他人生活來定義的領域。

人類學不僅僅是批判，它不僅指出我們對「豐裕」、「文明」或「血液」的理解都帶有文化特殊性，甚至是被我們常識的盲點所阻礙。人類學也進行詮釋。最重要的是，它解釋了文化如何、為何對我們身而為人至關重要。我們不是機器人，不受強大的「人性」支配，也不是單純基因的產物。我們會做出選擇。採集狩獵者做出了他們的選擇，而從歷史上來說，他們選擇培養平權的價值，同時輕視財產，從而維持他們的生活方式。採集狩獵的游居生活取決於資源共享，且不鼓勵地位和物質累積（畢竟，物質只會增加負擔）。舉例來說，直到一九六〇年代，坦尚尼亞的哈德札人（Hadza）仍選擇不採用附近牧民的生活方式。

當然，我們的「選擇」經常受限。環境會影響、文化傳統會影響（我們不能無中生有），政治和社會的潮流也會影響。薩林斯的〈原初豐裕社會〉發表於一九七二年。當時，游居生活的能力已被嚴重削弱，殖民擴張經常會沒收或重新分配游居群體賴以維生的土地。所以薩林斯說，我們的確會發現窮困的採集狩獵者，但這必須被視為「殖民壓迫」的結果——他們被強拉進「文明」的軌道。[8]這也是他說貧窮是文明產物的原因。這種壓迫持續至今，儘管現在多是因為全球化的推動。在過去五十年，哈德札人傳統用來打獵的土地失去了百分之九十。[9]相似的故事發生在世界各地，從納米比亞的喀拉哈里沙漠到馬來西亞的森林。現代採集狩獵者的選擇真的不多了。另一件我從〈原初豐裕社會〉學到的事情是：沒有文化是獨立存在的，沒有文化是真正原創的；我們或許可以說，每個文化都在游居移動的道路上。

嚴格意義上的人類學

在進行更聚焦的討論之前，多多介紹人類學學科對你應該會有些幫助。這本書並非人類學史。但我還是會在全書重點介紹幾個關鍵人物、軌跡及潮流，因為人類學出現及發展的故事，能更加全面地告訴我們有關這門現代學科的重要知識。考慮到在此對社會及文化人類學分支的重視，介紹一些背景也會有所助益。這些分支不像考古學或生物人類學那麼廣為人知。我是一名文化人類學家，然而我有一些親戚還是以為我是在地上挖陶片，或是測量頭顱的。而且，如果有人了解社會文化傳統，他們通常會認為人類學著重的是尊尼人，而非倫敦——處於西方，或者可以說是「現代的」倫敦，是屬於社會學的範疇。人類學在傳統上的確是傾向研究非西方世界，但很久以前就有例外，例如在一九五一年即有一篇關於好萊塢的人類學偉大研究。[10]這絕對不是只有叢林和鼓聲而已。

我們所知的人類學已有超過一百五十年的歷史，大不列顛及愛爾蘭皇家人類學研究所（The Royal Anthropological Institute of Great Britain and Ireland）成立於一八四八年。在一八五一年，紐約律師路易斯・亨利・摩根（Lewis Henry Morgan）出版了《伊羅奎聯盟》（*League of the Iroquois*），並繼續以美國原住民的研究為基礎，發表一系列影響重大的研究成果。在法國，人類學的初始來自一八五五年巴黎自然史博物館（Musée d'histoire naturelle, Paris），[11]這是目前現代系譜中可以合理追溯到的最早期紀錄。人類學家經常會將更早期的人物稱為始祖：例如米歇爾・德・蒙田（Michel de Montaigne, 1533-92），或是希羅多德（Herodotus, 484-

426BC）也備受喜愛。這兩位都具有後來稱為人類學式感性的特質。希羅多德旅行到遠方，讓我們知道希臘人對「他者」的豐富描述；蒙田沒有過這種旅行，但在他的重要文章〈論食人者〉（Of Cannibals）中，煞費苦心地與三名被帶到法國盧昂的圖皮南巴印第安人（Tupinambá Indians，今日的巴西原住民）對話。在文章中，他懇求讀者不要太快評價他們所謂的野蠻人（據說圖皮南巴人曾吃掉他們的葡萄牙戰俘），敦促我們以更全貌的方式了解他們的習俗和生活方式。

在這些原型案例中，就像我們已經簡要思考過的成熟人類學案例一般，都能看見兩個明顯特徵：一、田野工作的重要性，二、文化相對論的原則。如果不明白這兩件事，就無法了解人類學。

田野工作長久以來都是人類學家重要的通過儀式。儘管初期有些學者被認為是「安樂椅上的人類學家」（因為他們的研究主要仰賴他人的報告），有些傳統則在實證研究及理論建立之間有更清晰且長期的分工（例如法國），然而大體而言如果沒花費一年以上的時間與你的研究人群對象相處，你就無法被認真對待。有些人類學家便是如此開展他們的職涯，離開田野後卻很少再訪，或是從未再訪。他們轉向以更理論或更概念的問題來從事人類學研究。確實，有些最重要的人類學思想家並非堅定的田野工作者，但幾乎所有人都是從田野工作開始，並以此確認了他們的身分。

田野工作的重點是參與觀察，它的確切含義有各種不同解釋。如果你在尊尼部落裡，或是在印度查提斯加（Chhattisgarh）的某個村子裡，它代表的應該是完全地沉浸其中。你應該和當地人同吃同住，學習他們的語言，盡可能完整參與他們的活動。簡單而言，用絕對不科學的詞彙來說，你應該**四處閒逛**，還要**做點什麼事**。如果你在倫敦，完全融入可能會有點困難。當然，不是所有期貨交易員都住在類似印第安部落的地方，而他們也不會經常邀請你到他們的家中做客。這並非在說英國人不好客，但至少還不到像一八七九年的尊尼人那樣。不過，和札魯姆一樣，你應該深入研究運作中的各種事物（或是教堂，或是賭場，或是你關心的任何事物）：你應該積極參與其中，因為你需要了解的是你所研究的人如何思考、行為和生活。我一直告訴我的博士生，身為一名田野工作者有點像是學校裡的孩童，總是想要跟每一個人玩。「嘿，你好嗎？我能不能加入？」那就是人類學者在田野地裡的生活。

參與觀察與成為當地人之間有條細微的界線。人類學家不應該「成為土著」。*若是如此，會剝奪你進行分析時必須留有的批判距離。它也可能產生道德挑戰。在邱辛的田野工作中，他幾次接近這條界線（事實上，他越線了）：射擊納瓦荷的小馬（他宣稱那些馬誤入了尊尼人的領地），帶領襲擊馬賊（導致兩個人死亡），甚至取得一件阿帕切人的頭皮。邱辛被村民任命為戰爭首領，而取得頭皮是身處這個地位的必備條件。邱辛還差點讓一名美國議員中風，因為他揭露該名議員的女婿詐欺土地，使得民族學局將邱辛召回。這名憤怒的議員寫道：「如果一名接受教化的白人現在得花錢才能取得一百六十畝的土地，而印第安人不費分毫就能取得超過一千畝的土地，那麼白人採用邱辛的計畫，變成尊尼人的一員，不是比較好嗎？」[12]

邱辛或許支持了尊尼人對抗政治精英的不正當交易，但不應忘記他受雇於美國政府，在美國最殘酷、血腥的西征歷史後不久，就出發前往那片土地。在一九九四年，尊尼藝術家菲爾．休特（Phil Hughte）發表了一系列有關邱辛的漫畫，真實地捕捉了人類學家的矛盾之處。有些漫畫對邱辛為尊尼人所做的貢獻表達欽佩；其他漫畫則傳達更加矛盾，甚至憤怒的情緒，包括對休特及許多尊尼人會視為背叛和欺凌的行為，例如邱辛為華盛頓的同事重現了祕密儀式的一部分。休特書中最後一篇漫畫的主題是邱辛的逝世。一九〇〇年，邱辛在佛羅里達進行考古挖掘，有天晚上吃飯時被魚骨哽住致死。這幅漫畫名為〈最後的晚餐〉，而休特告訴我們：「做這幅畫是件有趣的事。」[13]

休特這樣的幸災樂禍並不難理解。人類學經常被認為是殖民主義的僕人，在某些方面，它的確曾經以新殖民主義和新帝國主義的形式出現，且這種情況仍然可能存在。在美國，這種情況自十九世紀的「印第安人事務」，延伸到一九六〇年代在拉丁美洲和東南亞一連串具爭議性的特種部隊行動和叛亂鎮壓計畫；二〇〇六年到二〇一四年，美國在伊拉克及阿富汗進行另一項引起爭議的叛亂鎮壓計畫，該計畫大部分是由一位人類學家設計，也有多位人類學家參與其中。[14]在英國、法國、德國、比利時、荷蘭和葡萄牙的帝國鼎盛時期，人類學家經常為國家工作，與殖民地官員緊密合作，英國許多殖民官也受過人類學訓練。

然而，即使在早期，對人類學的投入及人類學家與被研究者間建立的聯繫，經常勝過殖民目的，甚至違背殖民的想法。邱辛在很多方面體現了人類學家所能做到最好和最壞的事。我們

* 除非他們自己就是是「土著」。例如日本人類學家大貫惠美子（Emiko Ohnuki-Tierney）於一九八四年在神戶研究她的「自己人」。然而，本土人類學家這種分類令人擔憂，且引發了許多爭論。只有在非白人且非西方的情況下，才能稱為「土著」。所以如果你是研究日本的日本人，那麼你可以稱為「本土人類學家」，但如果你是研究好萊塢的美國人，或許就不能有此稱號。這些爭論表達出有關人類學殖民歷史的重要訊息。在任何情況下，阻止人類學家研究自身文化的主要原因是，人類學家不應簡單地從被研究者的角度來描述這個世界，至少對人類學來說，必須保持某種關鍵距離。

不應該忘記最糟糕的情況，但在今日可以肯定的是，許多人類學家都會積極主動地捍衛他所研究的社群（但不是藉由取得敵人的頭皮）。他們提倡群體權益，公開批評有害或適得其反的政府及非政府組織計畫，抗議巴布亞紐幾內亞礦業公司或亞馬遜雨林木材廠的利益。身兼醫師及醫療人類學家兩職的保羅·法默（Paul Farmer）是醫學非政府組織「健康伴侶」（Partners In Health）和海地司法與民主研究所（Institute for Justice and Democracy）的共同創辦人。英國有數十名人類學家會上庇護法庭作證，就阿富汗、斯里蘭卡、辛巴威等地的案件，分享他們對這些國家的專業知識。

如果說田野工作是標誌性的方法，文化相對論便是標誌性的模式。不管以什麼方式，所有人類學都是以它作為基礎。簡單來說，文化相對論是批判性的自我意識，認知自己的分析、理解和判斷並非普同的，也不能被視為理所當然。然而有些事沒辦法「簡單」來說；文化相對論是人類學式感性中最容易被誤解的一面——我甚至會認為，有些人類學家也會誤解。的確，不是所有人類學家都是文化相對論者，但他們都利用文化相對論來完成他們的工作。

解釋什麼不是文化相對論，通常有助於了解這個觀點。這個主題最重要的文章是由克里弗德·葛茲（Clifford Geertz）所寫的〈反反相對論〉（Anti Anti-relativism）。即使像他如此有天賦的作家，也無法採取直接的方式說明這個微妙的主題。

文化相對論並不是在其他人做出你可能認為不公或錯誤的事情，還要求你接受一切；文化相對論不代表你沒有堅定的價值觀，甚至不代表你身為一名學者時（或詩人，或神父，或法官），永遠不能認定何事為真，或是概括人類的情況，或是以跨文化的框架解釋；文化相對論並不需要你譴責統計資料，嘲笑世界人權宣言，接受女性割禮，或宣稱自己是一個無神論者。這些通常是針對「相對論者」的指控——他們否認實際數據的存在，沒有道德底線，甚至沒有道德標準。但這些都和人類學家如何使用相對論來研究和理解人類處境沒有任何關係。

另一種解釋是，文化相對論是讓研究方法增色的感性。它是一種觀點、一種風格，可以幫助人類學家防範一種危險情況，即在面對正義、豐裕、父職或宗教生活的基本形式時，人類學家可能會假設他們的常識或理解是不證自明或普遍適用的。對人類學家來說，了解當地人如何解讀那些主題至關重要。的確，人類學家的研究對象經常搞不清楚這些分析詞彙。藝術？那是什麼？宗教？啊？伊底帕斯？誰管他啊？自由？對我們來說，這不像自由。我們在薩林斯講述原初豐裕社會時，已經看到這個跡象。從最基本的角度來講，相對論應能讓我們了解馬凌諾斯基（很快就會介紹到他）所說的「土著觀點，他與生命的關係」，而目標在於「以他的觀點了解他的世界」。[15]

學科的誕生

人類學花了幾十年的時間，才從原來對知識的業餘追求或「紳士活動」，變成一門專業。邱辛到尊尼部落時，美國大學裡都還沒有人類學系，現代大學系統中經常獨占一棟建築的社會科學也仍在發展中。邱辛曾就讀康乃爾大學，但沒有拿到學位。在英國，後來在牛津大學取得人類學教職的愛德華．伯內特．泰勒（Edward Burnett Tylor）則從未上過大學。他能成為人類學家，部分是因為年輕時身體病弱，中產階級的貴格會教徒爸媽將他送到加勒比海，希望那裡的氣候能對他有所幫助。他在那裡遇到一個真正的紳士探險家亨利．克里斯帝（Henry Christy）。他們一起去了墨西哥後，泰勒用維多利亞時代一種流行的文學體裁——異國冒險，嘗試寫作。這些關於拉丁美洲旅遊的故事後來出版成書，獲得了一些成功，並導致了一本更系統性且野心勃勃的研究的產生，《原始文化》（*Primitive Culture*, 1871）。在劍橋大學，一小群接受過精神病學、生物學和醫學訓練的人，則是於一八九八年組成了第一個重大的「人類學」考察隊。每位提倡者都很努力讓人類學融入大學系統中。經常被視為英國社會人類學創始人的布羅尼斯拉夫・馬凌諾斯基（Bronislaw Malinowski，雖然他或他的許多學生都不是英國人）寫了一篇對業餘主義激烈的批評，及一篇〈方法的規則和秩序〉的宣言。馬凌諾斯基沒有時間理會英國維多利亞時代那類的紳士探險家，或是什麼心懷善意的殖民官員或傳教士。他們的觀察「強烈排斥追求客觀或科學事物觀的思維」。[16]他創了一項慣例：利用參與觀察進行田野工作。三十年前的邱辛從事的即是這種慣例。他的經典研究《南海舡人》（*Argonauts of the Western Pacific*, 1922）是以他在初步蘭群島兩年的田野工作為基礎。當時他就在努阿加西（Nu'agasi）海灘上紮營，而不是安然待在殖民官邸的陽台上。在一九二〇年代和一九三〇年代，他以在倫敦經濟學院教書或其他方式影響了幾乎下一代的所有領導人物：例如艾德華・伊凡—普里查（E. E. Evans-Pritchard）、艾德蒙・李奇（Edmund Leach）、雷蒙德・弗思（Raymond Firth）、艾薩克・沙佩拉（Isaac Schapera）和梅耶・弗提斯（Meyer Fortes）。前兩

* 「土著」一詞又出現了。這個詞彙聽來有些刺耳，它也應該如此，會讓人想起魯德亞德・吉卜林（Rudyard Kipling）或約瑟夫・康拉德（Joseph Conrad）所描繪的著名殖民時期樣貌——「土著越來越焦躁不安」之類的。直到第二次世界大戰，甚至更晚，人類學家隨意使用「土著」一詞來指稱殖民對象，而這也指涉了一種不對等的權力關係；絕不會有「柏林土著」或「舊金山土著」這種用法。然而，在過去幾十年，許多人類學家再次挪用這個詞彙，進行柏林或舊金山的土著研究，好表現出對它的諷刺和批評。人類學家在此想表達的是，每個人在某種情況下都是「土著」——人類學的研究範圍是人類全體。

人其實都是英國人，弗思是紐西蘭人，沙佩拉和弗提斯都是南非人。弗思和沙佩拉繼續在倫敦經濟學院工作，伊凡—普里查去了牛津，李奇和弗提斯則是到了劍橋，這些人在每所大學中都建立了重要的人類學系所。

在美國，德裔的法蘭茲．鮑亞士（Franz Boas）在哥倫比亞大學做了和馬凌諾斯基一樣的事，不過時間更長，從一八九六年到一九四二年。他的學生有瑪格麗特．米德（Margaret Mead）、露絲．潘乃德（Ruth Benedict）、梅爾維爾．赫斯科維茨（Melville Herskovits）、卓拉．尼爾．赫斯特（Zora Neale Hurston）、愛德華．薩皮爾（Edward Sapir）、羅伯特．羅伊（Robert Lowie）和阿爾弗雷德．克魯伯（Alfred Kroeber）等。其中一些人，特別是米德，成了名聲和著作都家喻戶曉的名人。其他人則持續建立人類學的新中心，例如加州大學柏克萊分校。克魯伯在柏克萊教了四十多年的書，羅伊也在此教了三十幾年；赫斯科維茨在西北大學也有段很長的教職生涯。*

在這些早期的世代中，特別是在美國，「搶救民族誌」的任務經常成為他們的重要動機：有些人群正因為毀滅或邁向現代化而漸漸消逝，而他們要記錄下這些消逝中的人群的生活方式。克魯伯的主要研究興趣尤其符合這個主題；在一九一〇年代，他和一位名為伊許（Ishi）的男子緊密合作。他是加州最後一名亞西人（Yahi）。克魯伯和柏克萊其他同事竭盡全力從最後一個「野人」身上留下紀錄。鮑亞士最著名的是他的作品數量驚人，人類學史愛好者稱鮑亞士為「五呎高的書架」，意即他所撰的書或論文共有五英尺高。其中一些是有關西北海岸美國原住民交換體系的經典研究，有些是他們的藍莓鬆餅食譜。雖然鮑亞士在類似的主題上缺乏像邱辛的天賦，但他是個權威人物，不只訓練出許多前幾代的人類學家，也形塑了人類學的典範，影響力延續至今。

買方自慎！

介紹人類學並不容易，很難涵蓋所有面向，所以讀者們請注意你所閱讀的內容，我已經強調過，這本書只會聚焦介紹社會及文化人類學，而非其他分支。正如上一節所說，我也將大致著重在英國及美國發展的傳統，然而還是有幾點必須請你們記住。

* 正如其他學科及專業中的女性，人類學中的女性，尤其是在早期，經常會遇到職場上晉升的限制，儘管米德或潘乃德的成就和聲譽令人敬畏，但他們都沒有升到大學裡最高職位。

首先，儘管英國和美國分支一開始確實具有定義明確的傳統，但它們都隨著時間流逝而改變、開展。馬凌諾斯基和鮑亞士都有強烈的個性；他們都有自己一套強大的方法，使其研究的影響力十分寬廣。他們兩人的著作至今仍有人閱讀，尤其是馬凌諾斯基（雖然鮑亞士的遺產可能影響更加廣泛）。但他們絕非唯一的主導人物，而且鑑於學科發展出的多樣性，我們現在也不太可能找到這種連貫性。「美國文化人類學」和「英國社會人類學」在許多方面仍存在差異，但許多美國人在英國教書，英國人在美國教書，在最好的科系裡訓練來自世界各地的博士生（並且遠遠超出了英美世界）。當然，要記得奠定英國社會人類學的是一位波蘭人，而美國文化人類學的創始人是德國人。

這也衍生出第二點：國際間的交流總是很頻繁。還有一位關鍵人物是英國人芮克里夫－布朗（A. R. Radcliffe-Brown），他是馬凌諾斯基在英國的繼承人（馬凌諾斯基不會那樣說），曾在一九三〇年代於芝加哥大學教書，所以在美國也很有影響力。自那時候起，芝加哥大學人類學系一直很出色，並致力於招攬美國傳統以外的傑出人物進入其師資陣容中。而芮克里夫－布朗也曾前往澳洲及南非任教。法國是另一個具有人類學傳統的國家，也和英美建立了連結，特別是透過戰時流亡的克勞德．李維史陀（Claude Lévi-Strauss）和美國拉起關係。李維史陀在一九四〇年代居住於紐約市，其關於結構主義的重要研究，部分源於鮑亞士及其學生豐富的民族誌案例研究。儘管鮑亞士和李維史陀所做的人類學研究截然不同，他們之間的密切關係卻以一種極致的象徵表現出來。根據一名法國人的說法，一九四二年的一場午餐會，鮑亞士逝世於李維史陀懷裡。而許多年後，英國社會人類學家艾德蒙・李奇成為李維史陀在英語世界的主要擁護者。另一名英國的重要人物瑪莉・道格拉斯（Mary Douglas）也大量引用結構主義。

最後，其他傳統的重要性也值得注意，例如巴西、荷蘭、比利時、加拿大、南非、澳洲、印度及每個斯堪地那維亞國家，都扮演重要的角色。（事實上，北歐國家幾十年來的表現總是超乎預期。）的確，當代的巴西人類學家愛德華多・維維羅斯・德卡斯特羅（Eduardo Viveiros de Castro）是目前最有影響力的人物之一，我們稍後也會討論他的一些思想。此外，還有更多層次的身分和連結，像是荷蘭大學有許多知名的德國人，或是著名的德國馬克斯・普朗克研究院（Max Planck Institutes）有多個人類學相關的研究所是由英國人、美國人、比利時人或荷蘭人所領導。還有一位傑出的當代人類學家塔拉勒・阿薩德（Talal Asad）出生於沙烏地阿拉伯，在印度和巴基斯坦長大，在英國受教育，並在美國揚名。簡而言之，當你讀完這篇導言後，不該認為人類學在國家體系的定位是件簡單明確的事。

人類學不只是門學科；到目前為止，我們已經提出許多簡單的例子——從取人頭皮（再次聲明，我不推薦這個方法）到在海地成立非政府組織。但是，從更廣泛的意義上來說，在許多部門或各種行動上都能看到所謂的「應用人類學」。正如前文所說的，有些人類學家將技能應用在美國軍隊，還有些人創立專業顧問公司，為各種問題提供「民族誌的解決方法」，其中可能包括幫助住房協會辨認住戶的家庭暴力跡象，或是對法國化妝品公司進入約旦市場提供建議。哥本哈根大學甚至還提供「商業及組織人類學」的碩士學位，畢業後再繼續為丹麥人類學諮詢公司 ReD Associates工作。ReD知道文化很重要，也是可以販售的商品。他們發表經過縝密思考的文章，像是〈為什麼文化對製藥策略很重要〉。ReD 客戶關係總監克里斯蒂安・馬茲耶格（Christian Madsbjerg）在接受《哈佛商業評論》（*Harvard Business Review*）的線上採訪時說，太多行銷問題（他指出這個行業一年產值達到一百五十億美元）是未將產品「置於文化脈絡、置於每天常見的情況下」。這就是人類學導論的內容。[17]

還有一些曾學習過人類學但離開這個學科的人。在結束這篇導言前，我也要點名一些名人，他們以人類學為背景知識，在其他專業成就名聲。這是門很小的學科，我們需要盡可能地宣傳。查爾斯王子擁有人類學學位。著名記者兼《金融時報》編輯吉莉安・泰特（Gillian Tett）擁有劍橋大學人類學博士學位。電影導演珍・康萍（Jane Campion）念過人類學。歐巴馬總統的母親安・鄧納姆（Ann Dunham）是研究印尼的人類學家。英國前副首相、也是自由民主黨主席尼克・克萊格（Nick Clegg）擁有人類學學位。寇特・馮內果（Kurt Vonnegut）沒有完成芝加哥大學的人類學博士學程，但這或許是更好的結果：儘管許多人類學研究已經對世界產生了影響，馮內果的《五號屠宰場》（*Slaughterhouse Five*）和《貓的搖籃》（*Cat's Cradle*）能載入文學史中也是件好事。肯亞獨立後第一任總統喬莫・肯雅塔（Jomo Kenyatta）在倫敦政治經濟學院取得人類學博士學位。除了參政之外，他也出版了關於基庫猶人（Kikuyu）的經典人類學研究《面對肯亞山》（*Facing Mount Kenya*）。（所以他從很久以前就是個「土著人類學家」。）阿富汗總統阿什拉夫・加尼（Ashraf Ghani）在哥倫比亞大學獲得人類學博士學位，並在約翰・霍普金斯大學擔任一段時間的教職。

人類學是個看似不太實用，或是沒什麼職業價值的學科。在當今的學術氛圍中，這樣的形象越來越需要加以解釋或得到諒解。而這有時還會帶來學科的存在危機。但人類學對思考現代世界提供了非常有用的方法。在二〇〇八年的一次採訪中，吉莉安・泰特談到她如何透過人類學訓練進入金融新聞界。當時剛發生二〇〇八年金融海嘯，她說：「我認為人類學是研究金融的絕佳背景知識。首先，你受過訓練，知道如何以全貌的方式觀看社會或文化的運作，所以你能看出每個細節如何一起運作，而城市裡大多數人不會那麼做……不過另一方面，如果你有人類學背景，你也會試著將金融放在文化的脈絡中思考。銀行家經常想像金錢和獲利動機像重力一樣放諸四海皆準，他們認為這基本上是既定且完全無關個人的。但事實不然，金融的一切都與文化和互動有關。」[18]

泰特按照薩林斯經典著作的風格，並呼應我們在札魯姆作品中可以發現的更大眾的說法，大力提倡人類學式的感性。無論你關注的是倫敦市的金融世界，或是其他引起你興趣的事物——可能是初步蘭群島的傳統生活，或是印度教儀式；或是為何某項非政府組織的發展計畫會失敗，其他計畫則成功了；或是如何在香港賣漢堡，或理解土耳其的社群媒體使用情況；或是如何在社會住宅計畫中接觸並服務家暴事件的受害者——以全貌觀出發，理解進行中的文化動態，最有可能為你帶來好處。

第一章
文化

文化是人類學中最重要，卻最難一言以蔽之的概念。我說不出簡潔扼要的定義，但我還是會盡力從自己田野工作裡的故事，告訴你們該如何理解文化。

我第一次的田野工作在辛巴威。雖然大部分的研究是在城區進行，我還是在奇維什（Chiweshe）度過許多愉快的時光，而我首次在那邊的拜訪是在大學當交換學生的時候。奇維什距首都哈拉雷（Harare）一小時車程，是個美麗的地方，有許多起伏的山丘和露出地面的岩石，點綴著一小群茅草屋，各自構成了田地（當地紹納語〔Shona〕稱為*musha*）。那次交換學生期間，我在奇維什的一戶人家住了一個禮拜，很快地和寄住家庭的兄弟菲利普成了朋友，在那之後我們還經常保持聯絡，一九九〇年代我也再訪多次。

那時不是菲利普一家的農忙時期，所以我們悠閒地度過那段時光。好幾次我們都散步到他家後面的山丘，從那裡可以看到地勢較低的地區，也可以看到成群的狒狒四處遊蕩。菲利普的英文不太好，我那時的紹納語更差，所以我們的對話都很基本。我們會做兩個來自完全不同地方的人經常做的事，也就是談論我們的家鄉。他想了解美國，而我想聽聽辛巴威農村的生活。

有次在這種簡單、探討文化的閒聊中，菲利普問我是否喜歡板球（cricket）。他問：你喜歡板球嗎？作為一名專注於殖民和後殖民史，而且非常了解辛巴威流行運動的學生，我的腦海中浮現出一幅圖像，一群人穿著白色毛衣站在一起，有個人手裡拿著像球棒一類的東西，另一個人則負責投球（或是用我現在知道的板球術語的投球〔bowl〕）。不過，身為美國人，我對這種比賽一無所知，只知道它讓棒球看來節奏更快且更令人興奮。（我也大概知道板球賽遇到陰天就會停止，而且會持續好幾天。）不過就像任何一個深深投入交換學生計畫、通情達理又善良的人，我有點言不由衷，小聲且禮貌地對菲利普說「是的」。有何不可呢？

他馬上彈起身，「太好了！」他示意我跟著他走下山坡回到他家，我以為他會給我一支球棒或一顆球（或是一件白色毛衣），然後打一場球。回到家後，他跑進廚房，他母親和祖母似乎永遠都在廚房裡為家人準備餐點。我對那件事沒有多想——那是廚房，很多美國人都會把運動用品放在廚房附近或是屋子後面。但他再出現時，手裡沒有球棒或球，他拿著一個小型金屬碗，我清楚看到裡面裝著一隻蟋蟀（英文也是cricket）——一隻昆蟲。牠已經油炸過，而他臉上掛著微笑。

我真的搞混了，完全搞錯種類，好客的習俗在全世界都很普遍，如果在其他場合有人給我蟋蟀，我可能也會吃下肚。當然，現在這一切都說得通了，我之前就知道毛毛蟲是當地的美食——蟋蟀怎麼不是呢？蟋蟀在美食排行榜上的排名更高，因為牠們極難捕捉。我很榮幸。

我拿起那隻生物，準備放進嘴裡時，腦中想起一年半的人類學課程：**食物是一種文化建構。有些人吃狗肉、馬肉，甚至猴腦。你辦得到！你可是個人類學系學生。**

不過，所有書本知識都無法消弭二十年的生命經驗——另一種的學習方式。我把蟋蟀放進嘴裡咀嚼（太大了，無法整個吞下去），再嚥下去時，我全身都在發抖，我彎下腰，大約三秒過後，蟋蟀和我的早餐全都回歸大地了。

這不是文化的定義，而是一個例子——這個例子觸及人類學對這個詞彙理解最重要的一部分。文化是看待事物的方式，是思考的方式，是賦予意義的方式，文化阻止了某些人將蟋蟀視為「食物」。文化也存在於我們特定的思考方式中：例如殖民史的細節、英國殖民史（相對於法國或葡萄牙）的細節，或是非洲農民在特定農耕時節中的追求。

文化本身就是一件事物。如果不是一件事物，便是一系列的事物，以及經常是特定種類的事物：房子、窯、繪畫、詩集、旗幟、玉米烙餅、英式早餐茶、武士刀、板球球棒，甚至蟋蟀也是。文化具有物質性，它可以是體現的，且能被展演出來。我吐出蟋蟀，但並非因為腸胃炎而吐，那不是「自然」或「生理」反應。吐是因為我的身體本身是文化的，或是適應了某種文化。在我的文化裡，我們不吃蟋蟀。

在對人類學如何理解文化的介紹而言，或許你們知道這些就夠了。我敢說，這些都不會令人感到驚訝，也不需要咀嚼再三才能理解。從堪薩斯城到加爾各答，組合這些想法有助於理解大多數的日常活動。我們習慣將文化視為一種觀點，或是作為事物的具體表現，甚至讓人聯想到自然力量的本能反應，其實也與文化有關。

但人類學不僅如此。文化處於一個矛盾的位置，它是人類學中最常使用、也最具爭議性的詞彙。

文化眼鏡

◎觀點的觀點

人類學研究文化最長久的方法，是將它視為一種感知。記得，對馬凌諾斯基而言，人類學的全部意義在於捕捉「土著觀點，他與生命的關係……他的觀點了解他的世界」。從這個意義上來說，擁有這種「觀點」不表示它只是一種意見，不是土著喜歡芋頭更勝甘薯山藥，不是喜不喜歡敞篷車，或是工黨做出什麼承諾。在這個脈絡中，觀點更加全面，反映我們所認為的常識，或是事物的正確秩序，例如不把蟋蟀當食物。

發展這一文化理論領域的最重要人物是鮑亞士。鮑亞士在德國出生長大，然後到美國從事人類學生涯。他備受學生喜愛，學生經常稱他為「鮑亞士老爹」。他也是許多人眼中的謎，特別是對他研究感興趣的記者們。二十世紀中葉紐約最偉大的新聞工作者與生命記錄者約瑟夫·米切爾（Joseph Mitchell），在一九三〇年代晚期鮑亞士退休後，對他進行了訪問，米切爾描述他是個「目光如炬、骨瘦如柴、白髮蒼蒼」的男人，「很難訪問」，但「被要求對納粹宣傳人員的某項聲明做出評論時，就會用濃厚的德國口音喃喃說出『胡說八道』或『荒唐』這些話逗樂記者」。[1]

鮑亞士一開始在德國基爾大學修讀物理學，但在那個時代，自然科學和人文科學難以區分。其中一項重要的影響來自早期現代文化理論的主要奠基者威廉·馮·洪堡德（Wilhelm von Humboldt），其著作對許多領域都有影響。在德國的思想中，文化（*Kultur*）於十九世紀初在那些反對過度的啟蒙論述的論者之間成為一個特別重要的概念。這種反傳統主義對理性和歷史的普同性和全面性持懷疑態度；洪堡德和其中其他人物認為，每個國家都應該因其特有的天賦而得到讚揚和理解。對洪堡德或德國哲學家約翰·戈特弗里德·赫爾德（Johann Gottfried Herder）而言，文化是一種表達特殊性的組織概念。洪堡德也是名出色的語言學家，這並非巧合；他研究過巴斯克語、幾種美洲原住民語言、梵語和卡維文（Kawi，一種爪哇文學語言），這些研究都表達並激發了他對人類多樣性的興趣。隨著時間流逝，他開始將語言和文化緊密聯繫在一起。他寫道：「語言是人群天賦的外在表現。」[2]

鮑亞士在一八八一年在基爾的博士論文是關於光在海水中的折射。一八八三年，為了深入研究，他前往巴芬島，但比起極地水域，他對當地因紐特人的興趣更濃厚，這標示著他轉向人類學的新興領域。

就像馬凌諾斯基在努阿加西海灘上搭的帳篷一樣，鮑亞士在北極的領悟也有兩個核心要素。第一個要素與田野工作的重要性有關，也就是要走出實驗室才能了解事物的運作。正如鮑亞士在其博士論文中所說：「實際存在於人類經驗的情況。」[3]我想強調第一個要素不只是方法論，它也是人類學關鍵的分析概念的本質。在人類學專業化的早期，田野工作也強調「在那裡」的重要性，因為文化必須在當地觀察：文化和地方是一體兩面的。

第二個要素與第一個緊密相關，是感知和視野的重要性。鮑亞士不如馬凌諾斯基那麼文采飛揚，也沒有提出太多術語，但他以平鋪直敘且廣泛的方式，像馬凌諾斯基那樣捕捉土著觀點。鮑亞士自己從未真正提出令人難忘或有影響力的文化定義（雖然馬凌諾斯基也沒有），他對文化的研究方法來自他著名五呎書架上的作品，也來自眾多學生研究的提煉。但即使研究範圍廣泛，他的方法中一個強調的重點是他所謂的「文化眼鏡」（德文為*Kulturbrille*）。我們都戴著這種眼鏡，透過這種眼鏡理解世界，為世界賦予秩序。在鮑亞士的描繪中，文化與意義有關，「感知」和在某些地方條件下排列世界的方式有關。你不只是看到世界，而是像索羅門群島的某個年輕女子一樣看這個世界，或是更具體地說，像馬基拉島（Makira）上聖公會教堂裡一位年輕女人一樣看世界。

至少到一九六〇年代前，文化經常會用這種特定地方條件的方式來表達：例如人類學家撰寫了瓜求圖文化、峇里島文化和多布島文化。他們也用比較廣泛的條件，例如地中海文化、美拉尼西亞文化、伊斯蘭文化，甚至是原始文化。此時，大家心照不宣地認為這種概括性泛指各種特殊文化，因為它們有相似的文化眼鏡——你也可以說，它們有相似的成分。以地中海文化為例，這一時期任何一名優秀的人類學學生都會尋找有關榮譽和恥辱的討論，這兩者經常被認為是價值觀的元素。

鮑亞士有幾十個學生，許多人都以自己的方式發揮極大的影響力。但在我們所討論的文化方面，在鮑亞士之後最具影響力的人物為克里弗德．葛茲。

葛茲自一九五〇年代以後開始活躍，但一九七三年發表的論文集才真正成為分水嶺。葛茲著名的論點是將文化視為「文本」，而人類學家是透過當地人閱讀文本。在此你也可以看到人類學家將文化視為物件的方式，我們很快會解釋這一點。然而在他的隱喻中，感知才是最重要的，因為我們處理文本的方式（也是當地人處理文本的方式），便是詮釋文本。葛茲稱他的文化研究方法為「符號學」，他提出人類學「不是尋找定律的實驗性科學，而是尋找意義的詮釋科學」。[4]

葛茲與鮑亞士的關係並不像當代其他人一樣直接，但他借用了相同的思考傳統和分析方法。最重要的是，對葛茲和鮑亞士而言，如果你想理解文化的「意義」，如果你想知道它的重要之處，是什麼讓它運轉，是什麼賦予它重要性和秩序（只要這還是可能的），你必須關注特殊性，而非一般性。

這種文化觀點至今仍出現在許多當代人類學作品中。人類學家特別熱中強調的正是這種文化。舉例來說，在醫療人類學領域，許多研究在針對文化因素如何影響某些情況或疾病的流行、診斷、治療甚至呈現，例如醫療人類學家凱博文（Arthur Kleinman）在中國注意到憂鬱症患者較常出現生理症狀，而非心理症狀；在中國人的眼裡，最能捕捉到這種失序的是厭煩感，而非悲傷感。[5]但一開始它甚至不一定能被辨認出來。中國不像美國有憂鬱的習慣用語，中國的憂鬱症症狀都局限於主要的醫療脈絡。因此我們可以預期，這可能為移民者帶來問題，例如美國的中國移民若罹患憂鬱症，可能會被美國醫生診斷為「在經驗上毫無意義」。「文化影響症狀的體驗、描述症狀的用詞、治療的決策、醫病互動、自殺等後果的可能性，也影響專業人士的做法，」凱博文解釋道，「因此，有些情況是普同的，有些則具文化特殊性，但在特定脈絡下都有其意義。」[6]

◎文化的物件

長久以來，文化在人類學研究中一直與事物脫不了關係。「物質文化」幾乎就和「文化」

一詞一樣常見。雖然物質也可以視為修飾名詞的形容詞，但最好將這些詞彙視為有共生關係，人們通常就是這樣理解它們的。

只要人類學家是觀察者，就不可能不必考慮文化的物質性。你很難找到一個社會是文化在字面語意和比喻含意上的物化是不重要的。人類使用物質文化和其他事物（樹木、岩石和海洋）來理解、表達或總結自己是誰。我最喜歡的例子是一個魁北克民族主義的研究。一九七〇年代獨立運動高峰期時，民族主義者必須培養人民對魁北克文化的強烈依戀，其中一個方式是推廣國家遺產（*le patrimoine*）的想法，列出一長串由人民擁有的「文化財產」的清單，能夠表達出他們的認同。「老東西」在清單上占有重要位置，它們可能是著名的歷史建築，或只是簡單的骨董椅子或犁具。不過這份清單也包括動物——加拿大馬（源自路易十四的馬廄），甚至語言也包括在內。一名支持者說：「就和我們的歷史及創造歷史的人一樣，語言和建築、家具、工具、藝術品、歌曲和故事，都是我們民族主義的重要成分，都是魁北克人的共同財產。」[7]我們甚至將語言變成物件。我們試圖透過確定特定字彙或語句的意義，讓民族主義的語言更加具體；我們也物化儀式中的語言，尤其是一再重複的聲明（這能產生一種社會效果，讓聲明比我們原本認為的更加「真實」）。

當然，你不必是民族主義者，也可以因這些方式對物化的文化感到興奮。你可以只是個熱愛英國藍乾酪的英國人，對某些人來說，這種美味、易碎、帶鹹味的起司能捕捉到你的特質的某些面向。在喬治亞，人類學家甚至可能發現在蘇聯政權垮臺後，東正教的教堂興建遭到當地人極大的挑戰，因為他們認為教堂應該有特定的樣貌，必須非常古老。[8]這些性質很重要。

顯然，意義或價值，是目前所討論的文化其兩個面向之連結。在某方面來說，我們甚至可以斷定文化的物質性來自我們對文化眼鏡的討論：除非你是帶有特定觀點的當地人，否則你不會認為魁北克市場裡的某張骨董椅是國家遺產。

但這不是人類學文化理論闡述事物的唯一方式，還有許多基本的方式能解釋重要的物質文化，其中一項最好的方式是考古學。考古學家比大多數人類學家更強調物質文化在人類歷史中的中心地位。

有個重要的人物稱考古學是「基於過去人們留下的東西及在世界上留下印記的方式對他們所進行的研究」。[9]以他的說法，這是對**被遺忘的小東西**所做的研究：烹飪鍋、房屋地基、陶製菸斗、馬路、水井、埋葬土丘，甚至是垃圾坑（很適合釐清古代飲食），所有被挖掘出來的，刷洗下來的，並在可能的情況下將之拼湊起來的東西——通常是由一群曬得黝黑的田野工作者進行。（在字面上，考古學完全可以聲稱「田野工作」是它的研究方法。）無論是用通俗或口語的方式表達的「東西」，或是用更學術的方式表達的「物質文化」或「工藝品」，重點都很清楚：它很重要。而且，它是探索過去的寶貴資源。

考古學家對物質文化的重視，幫助我們追溯人類社會的發展。從小型採集狩獵的游群，到農耕定居民族的起源，考古學家檢視每個細節，從雕刻過的骨頭（這些出現在一起的骨頭，可以表現出游群的季節性聚集）到木炭沉積物的分布（有助於了解人口密度），幫助闡明史前史進程。這不僅僅是挖掘物件而已。舉例來說，費歐娜・科沃德（Fiona Coward）在黎凡特（Levant）的研究中使用了一種方法。她結合地理資訊系統的模型，計算中石器時代（Epipalaeolithic）和新石器時代早期的社會網絡範圍。她利用地理資訊系統追蹤區域內可以找到的相似物質文化的範圍，在其初步成果中提出，這些網絡不一定要社會群體變大才會擴大。採集狩獵者再一次挑戰了現代常識，也就是「文明」比「原始」游群有更廣闊的世界。[10]

考古學的關注和發現包含了一個重要的教訓，物質文化只是意義的載具。魁北克的民族主義者能以此駕馭情感，好達成他們的目的。文化本身——成為當地人並擁有第一手觀點的能力——不能脫離這種物質基礎。是東西創造了意義可能性的條件。它是意義創造之複雜過程的一部分。

在鮑亞士及馬凌諾斯基時代之前，人類學研究與漫長歷史（及史前史）的興趣較有關係。考古學有助於滿足這項興趣，但由物質文化引導的早期人類學理論還有另一項重要議題：社會進化論。

社會進化論是人類學的第一個主要方法，受到天擇演化論所啟發。達爾文《物種起源》（*On the Origin of Species*, 1859）對人類學學科的興起有深遠的影響，正如達爾文對藤壺和飛蛾所做的研究，學者也將這種想法應用在社會生活上。社會史和自然史一樣，尊尼人和英國人不只可以透過生理學和解剖學角度了解他們在達爾文生命樹上的位置，也可以從親屬體系、政治組織的形式和技術成就的角度理解。文化，就像生物學，被理解為受制於規則並能在一個放諸四海皆準的體系裡被分類。*

從一八六〇年代起到二十世紀的頭幾十年，美國人路易斯．亨利．摩根（Lewis H. Morgan）和英國人赫伯特．史賓賽（Herbert Spencer）、愛德華．伯內特．泰勒成為人類學中極有影響力的社會進化論支持者。人類學與社會學新興領域的許多人物也是演化論者，這是十九世紀晚期學術界的典型表達風格。不過正是這些人塑造了這種典範中的大部分面向，並努力強調自然有機體和社會有機體的等同性。在這些「唯物主義者」之中——一個有時會用來描述

* 演化並非達爾文獨有的想法，它早就開始流行了。社會理論家史賓賽在《物種起源》出版前七年即匿名發表有關生物演化的文章。

他們的詞彙，也十分貼切——史賓賽特別熱中於此。他對「社會進化」的研究充滿了生物學類比，輕鬆地從肝細胞、表皮脫落、孢子、細菌、骨頭，討論到統治體系、群體認同、宗教儀式和人口密度等，而且往往一言以蔽之，一切都能回溯到大自然。

在所有人中，泰勒最專注於文化，他用演化論描繪他所說的「文化階段」，階段可依據物質進行分類和理解。在整體層面上，泰勒和其他人以蒙昧、野蠻和文明的情境進行討論——透過簡單的計算就可以決定使用哪個代號：纏腰布、木製工具、游居或是定居在泥屋裡？這算是野蠻人。高帽子、蒸汽引擎、城市住宅？這算是文明人。在這個方法中，「文化」的每個面向都被視為一顆被計數的豆子。

社會進化論有個極其嚴重的缺陷。（還有幾個相當嚴重的缺陷，不過那些都可以晚點再處理。）和達爾文不同，在這些社會科學家的研究中，演化成為目的論，它有其設計和目的——同時也摻雜大量的道德偏好。戴高帽的人不只比赤裸的野蠻人在文化上更為進步——他不只是一個更「複雜的有機體」，他就是**更好的人**。社會進化論是偽裝成科學的道德哲學，達爾文從未因藤壺不是藍鯨，就對它嗤之以鼻。

在這方面，泰勒這樣的人物利用了另一個重要，且現在仍在使用的文化概念，同時代的詩人及散文家馬修・阿諾德（Matthew Arnold）稱這種概念為「當今世上各處所想所知中最好的」。[11]這通常被理解為文化的「歌劇院」定義，用來判斷某些人比其他人「有文化」或「比較有文化」。以刻板印象而言，這個用法中的文化指的是莫札特，而非瑪丹娜，後者如果在文化中會是「流行文化」的一部分。當然，泰勒和其他人也對音樂感興趣，但在泰勒更廣泛的定義中，文化是「一個複雜整體，其中包括知識、信仰、藝術、法律、道德、習俗及其他社會成員獲得的任何能力和習慣」。[12]

鮑亞士直言不諱地批評社會進化論。而到了一九二〇年代，它已經被置於學術人類學的邊緣。從更廣泛的意義來說，演化論還是被保留了下來，在某些研究中仍然能找到它含蓄存在的痕跡。不過明顯的道德主義，以及用同樣方法理解一個法國人及一個雙殼類軟體動物的強烈堅持已逐漸消失。

社會進化論一直有它的支持者。例如，它在一九五〇年代和六〇年代曾經因萊斯利・懷特（Leslie White）和朱利安・史都華（Julian Steward）而復興。懷特和史都華彼此之間有很大的分歧，但都沒有迴避由泰勒、摩根及其他十九世紀學者所使用的詞語。他們都認為在鮑亞士之後，人類學已經陷入文化細節的泥沼裡。看看那些鬆餅的食譜……對懷特和史都華來說，「科學」一直擁有權威的光環，而鮑亞士許多學生擁有更多人文情懷。值得注意的是，社會進化論者與考古學家的合作更為緊密，他們關心考古學紀錄；隨著時間，鮑亞士主義和相關的觀點對漫長時光的興趣已逐漸淡化。社會進化論仍是考古學的背景之一：像英國哥登・柴爾德（V. Gordon Childe）和美國的高登・威利（Gordon Willey）都塑造了這個領域的爭論和興趣。他們總是以演化論為出發點，不過他們不像維多利亞時期的前輩那樣傲慢自大。

◎文化與自然／作為自然

有幾種方式可以將我們所考慮的各種文化觀點結合起來。若主要從文化眼鏡的角度來思考，就無法否認文化的物質面向，反之亦然。然而，不同文化理論間存在矛盾。如我之前所說的，鮑亞士對泰勒的觀點及社會進化論持嚴重的保留態度。懷特也經常大肆批評鮑亞士，他認為鮑亞士是可憐的理論家（因為他非常注重特異性），也不是一個非常好的田野工作者（帶有一絲個人情緒地質疑他的民族誌所受到的敬重程度）。

但是文化理論中，主要的衝突和爭議來源不在於我們應該多在乎陶器，或隨便什麼罐子的象徵意義，更重要的是，這與你的整體觀點與我所謂的第三條文化理論方向有什麼關聯。這觸及一個古老的問題，我們是自然的產物還是文化的產物。是生物的驅動塑造了我們、我們的心理本能、我們的基因？還是我們被撫養長大的過程、我們的生活環境，或是我們社會的主流價值觀？

生物學和自然在人類學的文化概念中幾乎總是扮演次要角色，就連想討論熱量和需求滿足的懷特而言（他認為這便是「物質」和「精神」），都強調文化的重要性；「人的生物因素和許多文化詮釋問題沒有關係，例如文化的多樣性。」他寫道，「還有文化的一般變遷過程，以及特定文化的演進。」[13]

一個致力於探索文化、了解文化重要性的學科——人類不同的歷史傳統和社會表達方式——會有這種傾向，應該不讓人意外。然而，不是所有文化理論都有文化內涵，鮑亞士學派傳統再次成為這個文化光譜中最具影響力的一派。在這派傳統中，露絲·潘乃德的論點最為著名。潘乃德在一九三四年的《文化模式》裡，對生物決定論提出全面的攻擊（有些人甚至會說是生物學）。她引用大量的案例研究，有意識地將她的評論與民族誌紀錄與當代美國場景聯繫起來。她將所有文化放在同一個框架下，消除人我之別，以及一些人類學前輩的「培養皿」方法。「人類的生理構造並不能詳細地規定任何一種特定的行為。」[14]

潘乃德的第一個目標是種族主義。鮑亞士和他幾個學生在學術界和社會上都很積極地對抗種族主義。（早在鮑亞士稱納粹荒謬之前，他就開始譴責美國的種族主義者和優生學者。）美國和其他地方一樣，人類學這門新興學科經常成為用科學基礎讓種族差異合理化的一部分，從一八九〇年代在學術團體裡占據重要地位的考古學家兼民族學家丹尼爾·布林頓（Daniel

Brinton），到一九六〇年代接受種族隔離邏輯的哈佛大學體質人類學教授卡爾頓・庫恩（Carleton S. Coon）都能明顯看出這一點。鮑亞士批評這兩人的研究及想法，並在他哥倫比亞大學的圈子及美國全國有色人種協進會（National Association for the Advancement of Colored People, NAACP）中扮演了關鍵的橋梁角色。鮑亞士也以各種身分和布克・華盛頓（Booker T. Washington）、杜博依斯（W. E. B. Du Bois）等人合作。正如人類學家李・貝克（Lee D. Baker）所說，鮑亞士的影響不一定是立即和直接的，但在二十世紀上半葉，他的努力、他在學術及政治上的盟友在美國舞臺上帶來了兩種轉變：一種是學術界裡的典範轉變，另一種是和種族有關的法律轉變。[15]

當然，不是所有重視自然的文化理論都是關於種族的。事實上，可說是最不文化的文化理論學者李維史陀，也像鮑亞士一樣強烈反對種族主義。李維史陀是結構主義人類學之父，他在文化問題的立場非常矛盾。一方面，他對文化極感興趣，如果我們把這理解為特林吉特（Tlingit）神話的微小細節，庫納（Kuna）薩滿的行為，甚至是技術能力與成就；他非常欣賞鮑亞士及其學生的研究，因為這些研究像百科全書一樣鉅細靡遺。另一方面，所有文化細節及文化特殊性都只是用來強調他真正感興趣的資料，也就是人類心智的普同結構。

對李維史陀來說，適當的分析單位不是土著觀點，而是**土著的心智狀態**。在核心層面上，這種心智狀態是持續且普同的。在這套文化理論的傳統中，目標不是為了差異而稱頌或承認差異，而是找出將所有人聯繫在一起的心理結構。「野蠻人和我們的思維都有同樣意義和樣貌的邏輯。」他寫道。[16]在另一篇文章中，他引用了物質文化的意象來表達同樣的觀點，顛覆了十九世紀的社會進化論。以石斧和鋼斧為例，我們或許可以說鋼比石頭堅固——在那種意義上，鋼「更好」。但人類學的任務並非著重於它們是由**什麼**製成，而是它們**如何**被製造出來。他認為，如果你仔細檢視，就會看到它們其實是一樣的。

幾十年來，越來越多文化理論的自然主義支持者對心智，而非身體感興趣。這些研究多坐落於一個被稱為認知人類學的領域。它有不同的影響和接觸點：結構主義、心理學各分支、語言學，甚至是哲學。但一般來說，是以認知和文化的觀點研究心智活動對文化表達、價值和概念的影響程度。我們是天生的二元論者嗎？也就是說，是不是所有人都是用對立面、二分法或成雙成對的想法思考？在感知或概念化活動上是否有其他普同性的存在——例如顏色的詞彙，或是親屬關係？文化技能是如何傳遞的？

譚亞・魯爾曼（Tanya Luhrmann）在人類學與心理學的交集領域中進行這方面的研究。事實上，在她的職業生涯中，研究範圍從英格蘭的巫師到心理學家，以及他們的訓練如何反映和強化某些對心智的理解。她最近的一本書將心智的研究提升到新的層次。書的主題為美國的新五旬節派，透過一連串實驗室般的研究，分析祈禱行為如何影響這些基督徒對上帝的體驗。她找來一百二十名受試者，給他們載上裝滿關於依納爵式（Ignatian-style）祈禱文的指示的隨身聽，背景則是令人愉悅的音樂。她發現，注意力的集中可以增加報導人描述上帝存在的生動性，她稱這過程為「專注」（absorption，借用心理學中具影響力的觀點）。「將心智想像的事物視為比自己所知的世界更加真實，這種能力即是我們內心體驗上帝的能力。」[17]事實上，最讓魯爾曼感興趣的是，這些基督徒對科學權威的接受程度，以及事實與虛幻、真實與不真實的世俗邏輯。對像我這樣從潘乃德式對文化重要性及力量的強調中訓練出來的人，認知人類學提出了一些重要的挑戰。長時間以來，人類學家對認知人類學的發現和研究方法的態度，最好的是忽視，最壞的則是否認，但這種情況在某些方面開始發生變化。同樣地，許多認知人類學家希望我們將文化史及自然史聯繫得更緊密，但重要的是要認識到，大多數人並沒有完全擺脫文化。最好的認知人類學家還是人類學家；他們依然重視長期質性資料的價值，也重視與特定地方的特定人群進行長期互動（即使他們自己不進行田野工作）。他們不滿足於實驗室或獨立實驗，因此，從這個意義上說，他們和前輩一樣，都是支持文化的。

文化的限制

「文化」不是個神奇的語詞，它不是能解決所有歷史和社會問題的概念。它的面貌時而清晰，時而模糊。最常使用、最積極推廣這個詞彙的人類學家，總是能認知這一點。也有人毫不客氣地詆毀文化，還有許多人對文化無動於衷。一九九〇年代中期，在過去十年企圖消滅這個詞彙特別強大的努力下——以及在後殖民主義和後現代批評的支持下——有位教授還記錄了至少十四種認為文化概念不足的方式。[18]我不會一一敘述這些方式，但這份清單可以分成三個重點——每一點都存在已久。

首先，重要的是不要從字面理解文化和地方之間的聯繫，你需要反思這個詞的詞源。根據《牛津英語字典》，「文化」一詞最早的用法是指耕種土地，它的字根也出現在種植、農業、園藝等詞彙之中。對十九世紀德國的文化理論家來說，這便是它的吸引力之一：扎根於特定的地點和時間背景，挑戰了啟蒙時代思想的普同性和抽象邏輯。和空間的連結是人類學理解的核心，擁有一種觀點就是找到一個定位。正如馬凌諾斯基和鮑亞士所堅持的，想了解文化，你必須置身其中。

問題在於，知道「那裡」在哪裡結束，「另一個地方」從哪裡開始，並非易事。馬凌諾斯基在《南海舡人》一書中談論數個人群——即「數個文化」——都好像是毫不相關的，然而這本書最長久的貢獻在於他對「庫拉圈」的解釋。這是一個遍布數座島嶼、綿延數百英里的交換體系。換句話說，「文化」至少是彼此接觸的，它們彼此採借、影響，某些時候這些採借和影響會讓我們不知道自己是否真的應該討論「文化」。想一想：一九一〇年代的初步蘭群島又是另一回事。好的，那裡的生活某些部分受庫拉圈影響，但有些則是「跨文化」的流動。其中有些流動性和模糊性，然而這種「文化」中的流動和我們在網路時代、甚至是廣播時代、有了飛機火車汽車之後的時代都相去甚遠。那二〇一〇年代的新加坡呢？倫敦呢？如果我們想要說得更明確一些呢？我們能說「倫敦的文化」嗎？或是我們要精確地說出是哈姆雷特塔倫敦自治市孟加拉裔英國人的第三代，或是在二〇〇五年搬到伊令（Ealing）的波蘭人？或是「一直」住在卡特福德的史密斯家族？再者，我們是否可以將祖父母在一九七〇年代從孟加拉夕列特（Sylhet）搬到東倫敦的人稱為「第三代孟加拉裔英國人」？如果他們不在乎自己的祖先怎麼辦？如果他們認為自己是倫敦「原住民」怎麼辦？這些都是文化研究中很好的問題。

因此，文化沒有地域限制性，這是批評的第一條主線。第一條批評自然衍生出第二項批評：文化沒有時間限制性。文化會改變。但人類學家——經常有著浪漫情懷（就像許多學術前輩一樣）──真的不善於承認這一點。事實上，有個當代文化理論學家認為人類學家還是常常會在這一點上做錯。[19]

在殖民時代，這種浪漫主義往往特別嚴重。我最喜歡的人類學者是維克多．特納（Victor Turner，因為他的文筆、廣泛的閱讀和活躍的想法），想想他的經典研究就能看出這一點。特納在一九五〇年代早期和他的妻子伊迪絲（Edith）到羅德西亞（Rhodesia）北部的恩丹部（Ndembu）部落進行田野工作，完成人類學紀錄裡一些最重要的儀式研究。他們描述的恩丹部非常原始，就好像這裡沒發生過巨大的政治和經濟變遷或挑戰。我們讓當地人脫離了時間。確實，特納在他們的經典研究中，很少提到殖民脈絡。羅德西亞北部在一九五〇及一九六〇年代就像人類學實驗室，有許多人類學家在那裡研究新興都市中心的文化變遷和社會動態，特別是在銅帶省（Copperbelt），那裡的礦坑如雨後春筍般出現，吸引了那一區的勞動力。考量到這一點，忽略殖民脈絡便令人驚訝。在那一區研究的人類學家中，有許多人與曼徹斯特大學裡一位頗具個人魅力的教授馬克斯．葛拉克曼（Max Gluckman）有著密切的聯繫，他甚至受馬克思主義想法影響，啟發了「曼徹斯特學派」（Manchester School），並且比當時的英國人更熱中於社會變遷及衝突。的確，曼徹斯特學派有許多傑出的殖民主義和現代化研究，但值得注意的是，人類學學子所閱讀的、產生最大影響的研究卻是出自特納。在特納為我們描繪的恩丹部中，宏觀政治和變遷並不重要。第三項主要批評和文化的連貫性有關。殖民主義和全球化的所有潮流、動盪和分裂指向一個更基本的問題，那就是對文化在某方面是一個有秩序整體的假設，尤其以概念和觀點的角度來理解的時候。一九五〇年代，人類學家常常用非常籠統的方式來描述一個「文化」中人們所相信、感受或思考的事物。這種推論和歸因的方法越來越難證明其正當性——不只是因為殖民主義和全球化的影響，也因為它假設「文化」是整體且全貌的。即使在一個偏遠、未與外界接觸的島嶼社群裡，我們不該假設這種連貫性和一致性，也不一定找得到。有時候，官方版本的文化（被人類學家撰寫出來的文化）與實際情況背道而馳。如果詢問人們其文化為何，或是問他們「相信」什麼、「思考」什麼，甚至某件事物（如儀式、父職、歐姆卡拉〔Omkara〕）的意義為何都是非常糟糕的主意。這樣的問題是，他們或許會告訴你什麼，但他們說的話可能是編造的、可能是不假思索地回答；在某些情況中，當地人可能會引用另一個人類學家書中的話回答，因為那個人四十年前曾經來村子裡居住過。這可能導致他們的描述過於簡單乾淨，簡而言之，就是不好的回答。

整合三種批評和關注——沒有地域限制性、沒有時間限制性、在任何情況下都不乾淨俐落——它們都與本質主義緊密相關：「一種對真實、事物真正本質、定義『任何實體之內涵為何』的固定不變屬性的信念。」[20]

本質主義可能非常危險——文化本質主義經常如此。稍後的章節中會提出幾點討論文化論述的危險性。它常常會使（甚至是要求）事物固定下來，訴求刻板印象，甚至是赤裸裸的偏見。至少，當文化離開象牙塔的範圍，進入廣大公眾的眼中，經常會發生這種情況。還有一種非常令人反感且臭名昭著的政治意識形態：種族隔離。的確，在種族隔離的南非裡，文化是民族主義實施完全隔離時非常重要的詞彙：**讓非洲文化保持完整！他們需要他們的土地；我們白人也需要我們自己的空間**。想到鮑亞士逝世不到十年（這位人類學家致力於發展明確反種族主義的文化概念），南非的國民黨創制者便利用文化將非洲人「留在他們的地方」，這是一個不小且痛苦的諷刺。

我要順道指出，這些關注在一九八〇年代變得尤為突出。在當時，一些重要的人類學家從女性主義、後殖民研究、後現代主義及一些社會學傳統汲取靈感，開始遠離，甚至否定文化概念。這通常與詞彙的本質化危險有關。米歇爾・傅柯（Michel Foucault）和皮耶・布赫迪厄（Pierre Bourdieu）的想法都很有影響力。傅柯對權力和主體性的興趣，以及他作為啟發式框架工具的「論述」與這些新興方法非常吻合。布赫迪厄的「實踐理論」也是如此，從他使用「慣習」一詞便可看出，這個名詞在許多方面類似於「文化」，但比較容易變化。在布赫迪厄的描寫中，慣習是一種**傾向**（disposition）：意指人們如何在一個結構的脈絡中思考、做事、計畫、感受、說話和感知事物，但卻從未完全由結構所決定。他對慣習的定義很出名，即是「被結構化的結構，預先設定能發揮結構化結構的功能」。換句話說，我們受生活世界的影響，但不總是受到習俗和習慣束縛。正如布赫迪厄所說的，我們所做的不是「機械反應」，也不是「某些創造性自由意志」的結果。[21]

不是所有開始更明確關注權力或討論慣習的人類學家，都不再使用文化。事實上，即使一些最受尊敬的批評者仍以較弱的意義使用「文化」——不用於主要的分析詞彙，僅用在描述或脈絡化的過程中。例如，人類學家阿君・阿帕度萊（Arjun Appadurai）——該領域中最資深的人物之一，主要研究區域在印度——便警告文化概念的僵化和客體化，但他還是在一本副標題為「全球化的文化向度」的書中這樣討論。[22]另一位重要人物，埃及性別及媒體領域的專家萊拉・阿布－盧戈德（Lila Abu-Lughod）描述她的主要興趣之一是「文化形式和權力之間的關係」。[23]但她在一九九一年曾發表一篇頗具影響力的論文，直截了當地命名為「反文化寫作」；這篇論文真正體現了傅柯和布赫迪厄對我們這代人的吸引力。[24]阿帕度萊和阿布－盧戈德其實是要求我們更常用形容詞來思考問題，而不是名詞。正是擺脫了事物般的客體概念，才推動了這些方法的發展。

大多數關於文化的辯論發生在北美的學術環境中。在英國，文化實際上早已棄於一旁，至少不用於明確的分析術語。如我所強調的，馬凌諾斯基對文化理論做出了貢獻，但他在一九三〇年代晚期離開倫敦經濟學院，前往耶魯大學，不久後在新哈芬去世。英國人對文化理論的興趣幾乎隨著他一同消逝——至少在人類學界是如此。然而，其他地方還是採用了文化，尤其是在李察．赫嘉特（Richard Hoggart）、雷蒙．威廉斯（Raymond Williams）及後來的史都華．霍爾（Stuart Hall）等文學和社會批評家的作品中。這種作品被稱為「文化研究」，只是這些人沒有去初步蘭群島。他們詢問種族、階級、性別、性取向和青年如何塑造當代西方社會，以及如何對抗當權者和目標制定者的要求及期望。他們的作品大多引用了馬克思和義大利社會評論家安東尼奧．葛蘭西（Antonio Gramsci）及後來的傅柯。

在馬凌諾斯基前往美國後，芮克里夫—布朗在英國揚名。芮克里夫—布朗在一系列論文中使用了「社會」而非「文化」，作為分析和研究主題的關鍵詞彙。他非常不喜歡文化概念，認為它「模糊抽象」。[25]實際上從那時起，英國人類學（通常被稱為社會人類學）便不再於文化理論上花費太多精力，即使它的實踐者也沒有完全放棄這個字眼。事實上，你可以翻翻一九四〇年代以來英國社會人類學的任何一本重要書籍，就會發現「文化」和「文化的」這兩個詞經常出現。不過可以肯定的是，有些戰後的英國人類學家認為他們的美國同行對「模糊抽象」著了迷，而且在葛茲之後，因為關注象徵語言，似乎也必須重視象徵主義和符號學。他們更關注芮克里夫─布朗所謂的社會結構或社會制度，也就是親屬關係（如何對待婆婆、父子之間紐帶的特殊性質）；政治結構和角色（無國家社會中平民與酋長之間的動態關係）；宗教習俗（禁忌的維持、牲禮的功能）和其他有根據的事物。

總體而言，多數在英國受過訓練的人類學家甚至懶得去批評文化，他們只是投身於自己想努力的事，並傾向引用十九世紀及二十世紀早期歐陸社會理論家（涂爾幹、莫斯和馬克思）想法的不同組合。事實上，早在一九五一年，馬凌諾斯基在倫敦經濟學院的徒弟弗思就會溫和地譴責他的同事，因為他們對「用文化定義資料及主要理論架構的人類學家」進行了「不必要的批評」。[26]對弗思來說，「社會」和「文化」顯然是兩種概念，兩者的重要性是相互聯繫的。這看來非常合理。

文化・跋

一九八八年，思想史學家詹姆斯・克里弗德（James Clifford）為我們提供理解人類學思想的最佳詮釋，他寫道：「文化是一個經過深刻妥協的概念，但我還是離不開它。」[27]我認為，依據許多當代作品看來，這個學科仍離不開它，也不該離開它。它是最重要的詞彙嗎？當然不是。我所有同事都接受嗎？幾乎沒有，有些人甚至還貶低它。但到了二十一世紀，許多原本付出時間貶低文化的人，已經開始追求其他主題；其他人則認為它已回天乏術，所以不再打擊它；還有一些人繼續從事文化一類的研究，也沒遇上什麼麻煩。文化從未遠離他們的心中，即使沒有落筆於紙或宣之於口。（每當學術人類學家使用「義大利文化」或「伊斯蘭文化」之類的詞時，都會有些臉紅。那感覺太過簡化，甚至天真。當記者問我們這一類的事情時，我們會在心裡嘲笑；親朋好友問我們時，我們會原諒他們。）

本書其他章節的目標是展示什麼是文化，包括它的缺點。我支持阿帕度萊和阿布—盧戈德的想法，他們對文化的物化傾向提出警告。但我也支持馬凌諾斯基，他在一九二六年認識到「人類的文化真實不是一貫的邏輯架構，而是各種矛盾原則的混合體」。[28]鮑亞士最早收的學生之一羅伊在一九三五年直言：「因為沒有純粹的原真種族，所以沒有純粹的原真文化……原住民人群千年來彼此採借，而試圖孤立出一種純粹的原住民文化顯然是頭腦簡單的想法。」[29]根據一九五二年美國兩位重要的學院院長所說的，當時的主導潮流在於認知：一、文化形式的相互關係；以及二、差異性和個體性。[30]

簡單來說，沒有其他詞彙可以涵蓋人類學紀錄帶來的經驗教訓，或是其中方法及觀點的多樣性，我將討論的人類學家也不是所有人都同意我的立場。遠非如此。這些爭論、分析和興趣也非全部源自或圍繞「文化理論」。但所有人類學家都有一個共同的承諾：密切關注，而且是**非常密切關注**人類的社會歷史，並謹慎看待常識、人類本質和理性的吸引力。這些概念甚至比文化本身還更令人惱怒。不是因為它們不合適，或是西方的胡言亂語，或是危險的愚蠢行為，而是因為我們從民族誌證據中知道，它們都有自己的社會歷史脈絡。

再三強調文化的重要原因之一，是其他學科對文化在人類生活的核心角色太過重視或太不重視。在一個極端情況下，政治科學家認為文化是原始的、不變的，閱讀那些國際關係理論會讓人類學家發瘋。在那裡，國家或是國家文化彷彿都有明確定義，堅如磐石。另一種極端的情況，是心理學家針對一小群人進行研究，然後推斷出關於認知或人性的主張。但如果仔細觀察，你會發現他們研究的那一小群人正巧是他們在大學裡教授的學生。對任何一個自重的人類學家而言，他們心裡馬上會出現一個問題：我們真的能將哈佛大學的一群學生推論到其他人類上嗎？問出這個問題時，這個人類學家正是在訴諸文化概念。而這樣也不錯。

第二章
文明

文化和文明在人類學思想中曾經緊密連結，彼此缺一不可。對泰勒而言，這兩個詞是同義詞。至少在維多利亞時代，它們必然聯繫在一起，事實上，可以說這個時代的人類學家對文明的興趣勝過文化。

有何不可呢？誰會對文明沒有興趣？

想到文明時，我們會想到偉大的紀念碑（古代或現代的）、圖書館（如古代的亞歷山大和現代的倫敦）、大學、法院、醫院、街燈和鋪設平整的道路。文明就是要在道德上符合正道——遵循支撐圖書館、法院和醫院的價值觀，即思想自由、正義和關懷。另外，如果你是文明人，你要有良好的餐桌禮儀，維多利亞時代的人對這些都很感興趣，因為他們將文明的跡象與道德進步聯繫在一起。

當然，有時我們也能看見事情的另一面：必須有人建造那些偉大的紀念碑，而且他們或許無法從結果中受益。（每個學生都知道拖著大石塊去建金字塔的人不是法老王。）鋪設平整的道路容易塞車。因此，有一些具啟發性的人物會迫使我們去質疑文明的陷阱和官方對文明的說法，例如隱居在瓦爾登湖寧靜岸邊的亨利・大衛・梭羅（Henry David Thoreau）；我們也知道像約瑟夫・康拉德等人的著名作品，例如他在《黑暗之心》（*Heart of Darkness*）中挑戰了殖民主義的暴行，與此同時，安樂椅上的人類學家卻是從殖民官員那邊搜集資料。

康拉德於一八九九年出版《黑暗之心》時，文明的拉力極其強大，他的書幾乎無力阻止。然而，像康拉德一樣，當時有幾個人類學家——尤其是鮑亞士——開始質疑文明作為人類學的重要概念。他們並不是想永遠待在瓦爾登湖畔*，而是開始認識到人類學無法用文明適當地進行研究。與本書的其他關鍵字相比，「文明」不可抹滅的道德內涵更讓人類學困擾。

困擾吧，因為它永遠不會真正消失。可以肯定的是，除了考古學家這個值得注意的例外（我在本章的最後將加以解釋），你找不到幾個當代人類學家用明確的文明詞彙進行思考或書寫，但這些詞彙背後的語法經常帶有暗示，或是影響了人類學的框架或分析。

人類學一直對「文明」持批評態度，但毫無疑問的，它一直是討論的中心，且圍繞它的討論也值得注意。這些爭論讓我們可以解決人類學過去的重要細節，以及它與廣闊世界之間的聯繫，它們也讓我們可以探索人類學迄今為止最不成功的任務，即是完全擺脫這種語言和思維方式。因為雖然支持「文明」概念的當代人類學家不多，但聽聽現代舞臺上政治家、記者和評論家的發言，都能確認文明的論述仍非常活躍。不幸的是，它背後的邏輯也是如此。二〇一六年十二月柏林耶誕市集攻擊事件後，美國總統川普在推特上寫道：「文明世界必須改變想法！」[1]川普說出許多人沒說或不願說的話，但在此不是這種情形。一般的政治言論就是如此。

文明是一個危險，或至少已經成為一個危險的詞彙，而且比文化更甚。想了解原因，我們必須回到這個學科的創建時期，思考文明在社會進化論典範中的位置。

從野蠻到文明

泰勒在加勒比海及墨西哥做完研究後，發表了他的旅行紀錄；維多利亞時代的人很喜歡這種冒險故事，這些故事經常帶有民族誌風格的觀察和敘述。然而，泰勒以他晚期的作品，特別

* 即使梭羅隱居在瓦爾登湖畔的時間有限，他在開篇就告訴讀者「現在我又成為了文明生活中的旅居者」。（一八九七，頁一）

是代表作《原始文化》（*Primitive Culture*），在人類學這個新興領域中贏得了領導人物的名聲。雖然他年輕時因不信奉英國國教而無法到牛津大學或劍橋大學就讀，但基於他的研究成果，他被任命為牛津大學第一批人類學教師。

泰勒不是當代唯一的人類學先驅，還有史賓賽和摩根，他們都比泰勒年長一些，也很有影響力。摩根是來自紐約州北部的律師，他從未去過比加勒比海更遠的地方，但他和幾個年輕人都對美國原住民著迷，所以組成一個社團，命名為「伊羅奎人的新秩序」。為了撰寫這個社團的章程，摩根參考伊羅奎聯盟的政治安排，這個聯盟是由五大部族組成的同盟，範圍分布自紐約到加拿大，也是人類學關注的焦點之一。[2]

泰勒、摩根和其他人生活在達爾文影響力最大的時候，不過在此要重申社會進化論的理論（實際上是生物進化論）早於《物種起源》。維多利亞時代人物受達爾文直接影響的程度各異，他們的研究都使用了進化的用語，也將對自然界進化的理解（如軟體動物和蕨類植物）應用在社會世界上。

在《原始文化》中，泰勒承認將植物和人放在同一個框架中，可能會讓一些虔誠的讀者感到困擾。他寫道：「把人類歷史視為自然史的一部分，認為我們的思想、意志和行為所根據的定律，和波浪潮動、酸鹼結合及動植生物的規律一樣明確，對許多受過教育的人來說似乎有些放肆又可惡。」[3]但對泰勒和其他人來說，物理學、化學、生物學和人類學都是一體的。

如前所述，史賓賽常常將肝細胞和政治機構相提並論，泰勒也大量借用自然科學的詞彙。例如，他認為人類學應該將弓箭視為「物種」，強調任何文化都應該被「解剖」成細節。這就好像他是生物教室裡一個勤勉用功的學生，將文化攤在桌上，切成一塊塊再貼上標籤。但將進化移植到社會領域至少需要一組新的詞彙，而這組詞彙圍繞的是文明的概念。

要記住最重要的一點：文明是一個相對的詞彙，只有拿其他生活條件和樣貌對比時，文明才真正有意義。在十九世紀，最重要的兩個對比詞彙是野蠻（Barbarism）和蒙昧（Savagery）。文明本身是新造的詞彙（經常追溯到十八世紀），另外兩個名詞的歷史則長遠得多。希臘人和羅馬人用它們來區分自己和其他民族，「野蠻」是一個貶義詞，用來描述其他人的語言都是「胡言亂語」的混亂音節——不只難以理解，也不發達。「蒙昧」則來自拉丁文sylva，樹木；換句話說，也就是活得更像動物的人。[4]

這是形成早期社會進化論觀點的三個詞彙，儘管生物學家以界、門、綱等分類將動物歸類，人類學家的分類則是粗略地以蒙昧、野蠻和文明來區分人群。

摩根有一個非常詳細的方法來定義社會符合七階段中的哪一個階段。蒙昧和野蠻都分為低、中、高三階段；另一方面，文明只有一級（雖然這不能解釋這些英美人當然認為自己比南歐人更文明，義大利天主教徒也無法和英國或美國新教徒相比）。舉例來說，蒙昧人中低階的區分標準為是否已知用火；高階蒙昧人則有弓箭技術。高階野蠻人的標誌是冶鐵的技術。文明則始於音標和文字。[5]正如我們所料，在這些範圍內有許多細微的差別。例如，如果你讀過摩根的《古代社會》（*Ancient Society*），你會了解風乾陶器和燒製陶器間的區別；後者在進化的程度上更高一階。

在這樣的架構中，分類成為一項簡單的任務。纏著腰布、過游居生活？真是蒙昧。抹灰的籬笆小屋和鐵製工具？真是野蠻。義大利麵，或許還有火藥，或是依書面文本組織成的中央政治權力？歡迎來到文明世界。這個架構為摩根等人提供了清晰的世界觀，他連帶指出：「非洲過去和現在都處於蒙昧和野蠻的族群混亂中，澳洲和玻里尼西亞則是簡單純粹的蒙昧，藝術和組織都處於那種情況。」[6]*

毫無疑問的，社會進化和文明的論述是由道德情感塑造的，這些早期人物並沒有全然貶低這些「粗魯」的民族，摩根非常欣賞伊羅奎文化，但在這個架構中，沒有盧梭「高貴野蠻人」的位置。**這一點明顯地展現在這些人對進步史觀的執著上，甚至如我所指出的，也是一種目的論史觀。事實上，正如泰勒所說，人類像波浪運動一樣受制於定律，讓這個典範有強烈的決定論傾向。

這種如同定律一般的觀點的核心是「人類心理一致性」原則。泰勒和摩根擁護這個觀點，蒙昧人的思維能力和文明人是一樣的；人類是一個種族，且本質上只有一種思維。

它能成為重要的原則有兩個原因。首先，它提供社會進化論者科學家所需要的固定常數，在心理一致性的假設下，才有可能透過「比較方法」（不是原創或特殊的詞彙！）建構人類歷史，甚至是史前史。第二，它促進了一種可以依賴量化、以部分為基礎分析的方法，「如果定律無處不在，它便無處不在。」泰勒寫道。[7]泰勒說文化可以被剖析成細節時，他是認真的，微觀地羅列出藝術和組織的清單，再現了蒙昧—野蠻—文明的整體架構在宏觀層面上的表現。

舉例來說，如果你用比較法看待一種文化，你需要考慮的一項「細節」是親屬。在這種情況下，親屬制度是必然存在的；你只需要計算它落於進化的何處。不是所有細節都能符合，但

* 這不是在說非洲難以捉摸；而是那裡有著許多不同的社會構成，所以呈現出一種「族群混亂」的狀況。例如東非的哈德札人（Hadza）可歸類為蒙昧的採集狩獵者，而南非的恩格尼人（Nguni）則可以被歸為野蠻，因為他們有以氏族為基礎的政治體系和游牧的生活型式；畢竟，野蠻的標準中包含畜養動物和政治階序。

** 泰勒寫道：「加勒比人被形容成一個開朗且謙虛有禮的民族，他們之間非常誠實，所以若在屋外丟了什麼，他們會很自然地說：『一定有個基督徒來過。』然而這些可敬的人卻拿著刀、燃燒的火柴和辣椒，惡毒凶猛地折磨他們的戰俘，煮熟後再痛痛快快地吃下去，歐洲語言也就有了充分的理由用Carib（食人族）代表所有食人者。」（一八七一，頁三〇）

還是有些一般原則（事實上是假設，我們會談到這一點）。因此，父系制度應該被視為比母系制度更進化，這可能要納入社會進化狀況的計算，就像在表格的方框上打勾一樣。為什麼？這些維多利亞時代的人認為父系制度顯然比較先進，因為它依賴一定的道德、社會穩定性和社會複雜度。因為你不知道父親是否一定是孩子的生父，但卻能肯定母親一定是生母，父系制度代表一種進化的性關係和親屬關係。畢竟，蒙昧人和野蠻人不能控制他們的性衝動，所以蒙昧女性可能和不同男人性交，因而不知道或不在乎誰是生父。

心理一致性的原則也表現在時間上。既然我們有心理一致性，且因為定律無所不在，因為我們像浪潮一樣，在定律般的浪潮中起起伏伏，社會進化論者就有可能把伊羅奎人、加勒比人（Caribs）和哈德札人當成活化石；我們可以觀察他們，記錄下自己黑暗、粗魯的過去。「我們自己遙遠的祖先經歷了一個又一個同樣的條件，且擁有同樣或非常相似的組織，有著同樣的用途和習俗，這幾乎是毫無疑問的。」[8]雖然從某種意義上來說，這是出於人們對人類上萬年發展長遠歷史的關注，但在另一個意義上說，社會進化論非常缺乏歷史感。

鮑亞士不滿非歷史主義，在一八九六年發表的文章中，他批評了進化論者對人類社會及文化發展的定律研究。他說，問題在它忽略了文化特徵和社會模式經常相互採借和適應的重要程度。更重要的是，強調泰勒等人發展的進化定律產生了一種演繹方法。鮑亞士說，他們從普同性推導特殊性，但這是不好的科學，這是以果導因，逆向而行。人類學必須是一個歸納性的研究，它必須是從特定事件建立出普同規則。正如我們先前所說，對歷史和特殊性的強調是鮑亞士學派文化概念的基礎，這種背景故事讓我們能了解鮑亞士為何覺得社會進化論將文化「解剖」成「細節」很荒謬。解剖一種文化必然會扼殺它，鮑亞士在結論中毫不留情地說：「比較法，儘管受到許多讚賞，其實沒有產生什麼顯著的成果，我相信除非我們放棄建構一致的、系統的文化進化史的徒勞之功，它不會有什麼成效。」[9]

還有另一個問題。維多利亞時代的社會進化論是偽裝成科學的道德哲學，然而在揭露並了解這一點之前，重要的是不要過分簡化泰勒、摩根和其他人的努力，或是不合時宜地閱讀這些紀錄。在針對這些維多利亞時代人的當代吐槽中，有一點經常被忽略，那就是他們支配一切的原則中的進步性。在一八七〇年代，如果說喀拉哈里的「叢林人」和倫敦的「紳士」有心理一致性，便是在挑戰自古至今都很強大的種族主義和種族主義邏輯：白人和非白人在心理有著本質上的不同。事實上，在這一點鮑亞士和他維多利亞時代的前輩意見是相同的。

在這個時代，對非洲人類在心理上有能力做出任何「文明」舉動的想法進行挑戰並不罕見。所以當歐洲殖民當局和傳教士在中非發現類似國家的政治系統時，他們有了別的解釋，例如，他們會說在盧安達的一個王國體系中當權的圖西人不是真正的非洲人。許多殖民者大量引用含（Ham）的聖經故事，得出結論說圖西人一定是以色列一個失落的部落。對南非已覆滅的莫諾莫塔帕王國（Monomotapa）也有相似的論調，大辛巴威的壯觀遺址連考古學家都說不可能是由黑人建造的。

種族主義的邏輯有許多種，維多利亞社會進化論最終擁護並認可另一個邏輯。維多利亞時代的理論基礎與其說是質性差異，不如說是量化差異。這取決於時間性，而非生物學。這種進化架構裡的「他者」並非完全不同的生物；他們是以前的我們，更像是某天會成為我們的孩子，只是仍有很長的路要走。

這種家父長主義非常能滿足帝國的目的，就像人類學教授忙著研究繪製蒙昧、野蠻和文明的軌跡，其他十九世紀的演員——英國總督、法國殖民團體、德國虔誠主義傳教士——也在利用文明的邏輯和語法為帝國主義辯護。

文明使命（*mission civilisatrice*）是殖民時代記錄的普遍特徵，這是要理解它的重要背景。在深入閱讀任何遊記、傳教報告或殖民書信時，不可能錯過其力量的展現。任何讀殖民史的學生都會注意到倫敦傳道會傳教士使用的華麗辭藻，或是政治家的主張，如法國總理茹費理（Jules Ferry）聲稱法國有權利也有義務傳播「最高意義上的文明」。[10]

珍和約翰・可馬洛夫（Jean and John Comaroff）的研究很好地捕捉了文明使命的動力。[11]

身為波札那和南非茨瓦納人（Tswana）的專家，他們非常詳盡地記錄了十九世紀「基督教、商業和文明」的言論如何塑造殖民論述，以及西方把非洲視為「黑暗大陸」的描繪。可馬洛夫夫婦將自己於一九七〇年代及八〇年代的田野研究，與流行文化的歷史資料及讀物揉合在一起，追溯傳教士之間的「長談」（大多來自非英國國教徒，像是羅伯特・莫法特〔Robert Moffat〕和大衛・李文斯頓〔David Livingstone〕）。他們對傳教士而非殖民官或商人的重視，不代表其他人物不重要。事實上，傳教士通常會先抵達一個地方，並長時間地待在那裡（不管是何處），並更好地理解事情的發展（當然，直到政府資助的人類學家的到來）。

可馬洛夫夫婦展現的一個重要的部分是，文明如何必須透過上帝和市場，以及隨之而來的禮儀、倫理和意向去理解。傳教士在殖民地非洲所做的很多事遠遠超出傳播福音本身，傳教士幾乎重新安排了一切——不只是明顯相關的事，例如婚姻（一夫多妻制讓無數傳教士陷入道德困境），甚至是看似微小的細節，例如村莊的布置或器具的使用。文明化便是做個文明人：體現和實踐禮貌社會的風氣。傳教士也常提倡科學，而非土著的非理性和迷信。他們建立了醫院和學校，用來治療身體、訓練大腦。

「殖民」從來都不是一件事，也不是由一個主教、首相或愛冒險的富豪所控制的統一計畫。可馬洛夫夫婦和其他細心研讀帝國及殖民史的學生都證明了這一點。然而，他們也顯示出我們所稱的文明語法有多麼強大。

可馬洛夫夫婦稱這種語法為「意識的殖民」，無論是否有意，這都形成一種論點，帝國及福音傳道的主題都被捲入一場漫長的對話，他們必須接受歐美人設定的討論條件。可馬洛夫夫婦的書中有篇經常被引用的章節，即是透過討論李文斯頓的一段話說明這一點（李文斯頓或許是維多利亞時代最偉大、最受歡迎的傳教士探險家，他的遺體被埋在西敏寺；但他的心如他所願埋葬在非洲）。在那個段落，李文斯頓講述了他和一個茨瓦納人之間的交流，李文斯頓扮演「醫學醫生」的角色（記得，這些上帝之人也是服侍上帝的科學之人），而茨瓦納人則被稱為「雨醫生」。在他們的對話中，李文斯頓訴諸科學、理性和神學，想說服雨醫生相信自己的努力是徒勞的——說好聽一點是巧合，說難聽一點是看準有利的時機所產生的吸引力（例如在雲層密布時）。但雨醫生在對話中堅守自己的立場，拒絕屈服於李文斯頓提出的許多觀點，甚至指出傳教士的虛偽。於是，李文斯頓描繪出一個反抗的他者，而非某種被動的、像孩子般的原始人。然而，在這場對話結束後，一切都還是根據李文斯頓設定的條件進行的，依據科學、理性和神學塑造衡量出符合語法與否的標準。文明勝出。

對話真的發生了嗎？或許吧。它真的和李文斯頓記錄的一模一樣嗎？相當可疑。他說的是他的故事，因為有好辯的土著短暫的反駁，更能吸引它的目標讀者。然而，正如可馬洛夫夫婦所說的，它代表一種更為擴散、正在展開的「兩種文化之間的對抗」。[12]「西方文化」沒有贏，可馬洛夫夫婦和多數自重的人類學家都不會接受「西方文化」這種想法——我希望最後一章能說清楚這一點。的確，正如民族誌紀錄所表示的那樣，這樣的對話、交換，甚至是衝突總是雙向的。事實上，可馬洛夫夫婦在他們的歷史人類學研究中大部分記錄的是西方思想的非洲化——這種程度大到這些稱號只有在彼此對照的情況下才有意義。

但民族誌紀錄也清楚表明，文明的語法對殖民及後殖民的社會動力及文化想像擁有強大且往往有害的影響。李文斯頓遊記發表一個世紀後，另一個醫師對殖民狀況做出了有先見之明的診斷。弗朗茨·法農（Frantz Fanon）是位在法國受訓的精神科醫師，來自馬提尼克，在阿爾及利亞的醫院執業，後來參與了阿爾及利亞的獨立戰爭。在他一九五二年的經典作品《黑皮膚，白面具》（*Black Skin, White Masks*）裡，法農為那些支持茨瓦納雨醫師立場的人發聲，給了殖民主子和臣民一記耳光，駁斥「黑人是猴子緩慢進化成人的一個階段」（說好的心理一致性原則的進步性呢？）的假設。法農又說：「每個被殖民的民族，換句話說，也就是每個因自己在地文化原創性的死亡及埋葬而在靈魂深處產生自卑情節的民族，都會發現自己面對著文明國家的語言；也就是殖民母國的文化。被殖民者隨著採用殖民母國文化標準的程度而得以提升其叢林地位。在宣布放棄黑性、放棄叢林的時候，他就變白了。」[13]

另一個不同且較近代的例子是「叢林地位」效應，它來自玻利維亞北部埃薩埃賈人（Ese Ejja）的研究。[14]埃薩埃賈人的語言屬於塔卡納語群（Tacana），人口不到一千五百人，分布在玻利維亞和秘魯的部分區域；他們打獵、捕魚，從事遊墾農業，並且居住在村落裡（今日約足球場大的範圍）。就像許多小型原住民族群，埃薩埃賈人經常受苦於歐洲墾殖者之手，或是被驅逐到偏遠的村落，或是被拉去從事剝削性的礦工。

在一九九九到二〇〇一年的田野工作中，伊莎貝拉・萊普里（Isabella Lepri）經常聽埃薩埃賈人說自己「不是正常人」、仍然野蠻，而城市裡的白人和混血玻利維亞人才是文明的。以當地的語言來說，白人事實上被稱為*dejja nei*（非常美麗、真實、得體的人）。萊普里用許多方式告訴我們，她認識的村民想要像大城市裡的白人一樣。她在村落裡認識的一個女人會用「白人的食物」煮菜，像是洋蔥和孜然。她會請萊普里去鎮上的時候幫她買起司，也總是要在「中午」吃午餐（雖然萊普里告訴我們，這和時鐘時間的中午沒什麼關係）。當地文化也有幾個改變；踢足球的年輕人——埃薩埃賈人很風靡這項運動——會模仿流行文化中的玩法、穿著以及行為。但還有一個重要的差異：他們不會因進球而炫耀或甚至表現愉悅；在埃薩埃賈傳統中，贏過他人代表挑起衝突，而他們會盡其所能避免衝突。（在埃薩埃賈的比賽中，贏家不會注重最後的分數；他們只會談論對方還需要得到幾分才能平手。）然而，年輕人已經被認為是

「幾近真正的人（*dejia*）」，在通往文明生活的道路上更加前進。

埃薩埃賈人已經內化了文明的語法，然而他們不管從任何意義上來說，都不是「下賤的野蠻人」。他們對玻利維亞白人的其他態度顯示出更複雜的情況，他們或許想要「文明」，但他們不想當玻利維亞白人，或是住在城市裡，他們認為那裡骯髒、危險且充滿暴力。他們說村落裡的生活很好，人們互相關心，食物充裕，也會互相分享。埃薩埃賈人和外界的直接接觸越多，這種地方自豪感越會展現出來，顛覆理解自身的條件。這種自我認同及自我評價的轉換並不罕見，但在亞馬遜的脈絡下，許多對地方文化的近代研究認為這種動力有其區域特異性，稱為「視角主義」（perspectivism）。第八章討論人類學方法的時候會再回到這一點，因為它在過去二十年獲得很多關注。這裡的重點只是想指出，從對足球的玩法，我們能看見「埃薩埃賈人如何想要做個真正的人（*dejia*），但要以他們自己的方式，透過選擇性的模仿，排除可能與自己道德感相矛盾的行為」。[15]

對埃薩埃賈人的研究，讓我們知道蒙昧和文明的用語如何延續至今。然而，這個議題的核心不只是關於這些詞語的明顯用途，而包括我稍早所說，進化思維上的時間樞紐，這個樞紐通常被隱藏得很好，也有良好的運作，但知道它的存在，對了解邏輯運作的方式至關重要。那些用來指稱人「不得體」的尷尬和不舒服的話語，更多時候是在說別人（或自己）「落後」、

「過時」、「停滯不前」之類的。這種說法不只在殖民或後殖民時期很常見，在任何地方都能看到。如果你住在威爾斯或愛達荷州的郊區，來自威爾斯首都卡地夫或西雅圖的人可能也會說你很落伍。你自己可能也會這麼說，並把它視為一種驕傲。我認為儘管這些用語常被用在天真、可愛的笑話中，但它表現了社會進化論的邏輯，就像埃薩埃賈人自我貶低一樣。

不只是對威爾斯鄉下人的嘲笑或人類學家對亞馬遜原住民的分析，同樣的邏輯也可以在他處看到。以「全球反恐戰爭」為例，也就是我們在本章一開始所討論的川普推特發文。在九一一事件後，文明的論述立即接二連三地出現，整個西方和許多地方的政客和專家呼籲文明世界要堅定對抗恐怖分子的野蠻行徑。這其實沒有什麼特別的。敵對的他者在某些方面總會是蒙昧或野蠻的。以美國在第一次世界大戰的宣傳海報為例；德國人——匈人（Huns）——看來不是很文明，在某些圖像上甚至不像人，而是可怕的人猿。然而，與反恐戰爭特別相關的是文明的概念，尤其是哈佛政治學教授塞謬爾．杭亭頓（Samuel P. Huntington）所捕捉到的概念。

一九九三年，杭亭頓發表了一篇極具影響力的文章〈文明的衝突？〉，在其中闡述了他對未來世界政治的看法。[16]他認為，隨著冷戰結束，地緣政治將不再由社會主義和資本主義間的意識形態鬥爭來決定。的確，第一、第二和第三世界的說法會變得無關緊要。冷戰秩序將被文明衝突取代。杭亭頓將文明定義為「人類最高層次的文化集合體，以及最廣泛的文化認同。缺之這種認同便無法將人類與其他物種區別」。[17]杭亭頓對「文化」和「文明」這兩個詞彙的使用有很大的滑坡。前者是嵌在後者之中，且有更多中層和微觀層次的特殊性，但在許多方面，這兩個詞語是被他交替使用。在這方面，還有他的定義依賴心理一致性原則的程度，杭亭頓的理解和泰勒驚人地相似。對這兩個人來說，最重要的是文明，及其背後的道德論述。

可以肯定的是，杭亭頓沒有提到「粗魯的種族」，甚至是蒙昧人或野蠻人。他說，文明是人類的最小公分母，「主要文明」甚至可能存在於非洲。（維多利亞時代的人不會這麼說。）因為「歷史、語言、文化、傳統、還有最重要的宗教」而有不同的文明。[18]這些差異是真實且基本的，雖然它們不一定會發生衝突，也無法完全避免變化和混雜，但它們都是重大危險的根源。杭亭頓覺得，最大的危險是西方和伊斯蘭世界的衝突。當時是一九九三年。到了一九九八年，兩個美國大使館在東非遭攻擊的事件可能與賓拉登有關，眾人開始覺得杭亭頓很有見地；在九一一事件後，又覺得他完全是先知。

這並不是說伊拉克戰爭時由美國領導的「多國部隊」完全支持杭亭頓的想法。在官方說法中，全球反恐戰爭絕不該是文明的衝突。布希露骨地使用這些詞彙肯定不是權宜之計，散發的訊息始終是將恐怖分子的行為說成是伊斯蘭教徒的不當行為。布希曾經將計畫稱為「十字軍東征」——引用中世紀的形象——他的政治公關顧問馬上收回這種言論。[19]

無論如何，杭亭頓其實是對制定阿富汗和伊拉克戰役策略的新保守派感到不耐的。然而，就像許多標語一樣，杭亭頓的想法表明一種更廣泛的心態和情緒。全球反恐戰爭是社會進化論持續的吸引力之實例。

這在一定程度上是顯而易見的，因為這些戰爭，尤其是阿富汗戰爭，都與一項文明使命有關。由於塔利班的存在，阿富汗戰爭一直具有非常強大的道德力量；他們被視為是野蠻的，粗魯愚蠢又簡單，特別是他們對待女孩和女人的方式，阿富汗人必須被拯救。不過，伊拉克戰爭是為了帶來民主，倡導者認為民主是最文明、最進化的政治體系。（畢竟，民主是文明社會的政治體系，對嗎？）

重申一次，在衝突中主張己方陣營的道德優越性並不是什麼新鮮事。然而，現代文明框架也大量使用具有時間象徵意義的語言。就像維多利亞時代的人類學家，參與反恐戰爭的關鍵人物視他者為活化石，是困在過去的人。一位美國陸軍上校的言論最能說明這一觀點：「在伊拉克西部，就像是六個世紀前貝都因人住在山羊毛帳篷裡的狀況一樣。」[20]

我不是軍事戰略家，但如果我是，我一定會說如此看待貝都因人是非常糟糕且危險的方式。回想一下最近幾年一些不太成功的美國戰爭——越南、伊拉克、阿富汗——不難看出美國科技優勢的信心經常放錯地方。這背後是一種美國文化制約的理解，即強大的文明力量將永遠勝過較不發達的社會或敵人所能做的事情。

德國人類學家約翰尼斯・費邊（Johannes Fabian）創造了一個詞彙——「對同時間的否定」（the denial of coevalness），意思是否認你和其他人處於同一時間中。費邊在一九八〇年代創造了這個詞彙，用以批評人類學家對待研究對象的方式。當然，在那個時候，幾乎所有人都放棄了社會進化論的研究，費邊認為將他者視為化石或古人仍存在於其他理論典範之中。他寫道，人類學被看作「時間機器」[21]。你離開大學後，就身處於「現在的時代」；你到達田野時，就處於「過去的時光」。

費邊說得完全沒錯，雖然他的書有助於消除這種「對同時間的否定」，它仍是人類學的一種偏見。它主要表現為一種浪漫情感——或許是無害的，但在非洲、南美低地或蒙古大草原進行研究，經常比在美國或德國研究更有聲望。*這是因為人類學在某種程度上仍受一種觀念影響，即為了真正了解人類的情況，我們需要剝去文明和現代的外衣。社會進化論的影響也有較溫和的一面，提到「現代性」可能不會讓人想起戰爭，而是發展及和平。在第二次世界大戰之

* 除非在美國或法國中的研究對象是清楚的「他者」：例如非法墨西哥移民，或是柏林的土耳其社群。這些都是可歸為異國或邊緣的事物。

後，有些人類學家參與了「現代化理論」的建構和應用。例如，在葛茲的生涯早期，他領導了芝加哥大學的新國家比較研究委員會（Committee for the Comparative Study of New Nations）。基本上，這種社會科學是在努力幫助理解過去的殖民地（例如迦納、印尼、摩洛哥等獨立新國家）如何現代化，是什麼將這些國家帶入現代？他們需要多少道路、醫院或訓練有素的建築師？許多現代化理論學家相信理解文化是至關重要的；因此人類學家的價值也突顯出來，其重要性不在於他們想保留其他文化，雖然多一點當地的色彩及味道也很好，重要性在於如何最大化進步及整合進世界體系（如西方世界）的潛力。這些理論家——如華特・羅斯托（Walt Rostow）等經濟學家、塔爾科特・帕森斯（Talcott Parsons）及什穆埃爾・艾森施塔特（Shmuel Eisenstadt）等社會學家——用發展、成就和國內生產毛額等詞彙提出了新進化概念。

現代化的當代產物——國際發展，現在是重要的研究領域。研究方法的範圍擴大了，道德的要求也增加了。如今，每家大型跨國公司都有「企業社會責任」部門或團隊，南非和巴布亞紐幾內亞的礦業公司會建立學校，支持婦女編織合作社，以顯示他們是好公民。這些行動經常用「地方賦權」的方式宣傳，正如發展人類學中兩個主要人物所說的，老派現代化假定會產生涓滴效應：和當地後殖民精英及新國家組織合作，其利益會流向下方的農民。[22]事實上，如同發展人類學家所討論的，許多這樣的計畫的結果不是失敗，就是讓在地情況更加惡化，因為這些經常忽視了文化的問題（儘管現代化者宣稱相關的承諾）。

就算一些發展行動能做得更好，對賦權問題及地方價值更加敏銳，文明和社會進化論的語法在現代還是多麼根深柢固。好吧，我們能在鷹派政治科學家的作品和戰區中找到這種語法，理智、左派、進步的讀者如你肯定不會意外。但你只需要看看英國《衛報》——一份受人尊敬的進步新聞報紙——也能發現。

二〇〇八年，《衛報》在和巴克萊銀行及非洲醫療研究基金會（AMREF，以非洲為基地的非政府組織，重點是醫療保健服務）的合作下，啟動一項為期三年的援助實驗。這個計畫位於烏干達北部的村莊——凱汀（Katine），而計畫最重要的特點是它的公開性，在計畫進行時，《衛報》在網路上持續釋出大量文章、影片、報告、講座紀錄及讀者評論。[23]這批資料檔案非常驚人，顯示出發展工作的複雜性，特別是在建構能永續發展的事物時。這份檔案讓我們知道一路的失敗、挫折及成功。它的成功之處在於提供了潔淨的飲水、引進新作物、兒童預防針注射率，還建立了儲蓄和貸款協會。正如參與計畫評估的人類學家班．瓊斯（Ben Jones）所說，這個計畫能幫助你了解「為什麼發展既困難又有必要」。[24]

凱汀計畫是一項經過深思熟慮的創新工作，然而我對這個計畫的第一印象卻很刺眼。在它公開發表的那一天——二〇〇七年十月二十日星期六——我像往常一樣買了《衛報》，閱讀它的頭條故事：「我們能否一起讓一個村莊脫離中世紀？」副標寫著：「野心勃勃的《衛報》援助計畫啟動，亞倫．魯斯布格（Alan Rusbridger）從倫敦旅行數小時——回到了七百年前。」[25]魯斯布格是《衛報》的編輯，他採用了牛津大學經濟學家保羅．科利爾（Paul Collier）的中世紀比喻。在這篇文章中，他從這個形象發揮，說這個計畫想要「幫助改變仍困於十四世紀的生活」。

這比美國陸軍上校在伊拉克的言論更糟糕，甚至更危險。魯斯布格——或說是科利爾——只是泰勒的化身，或是李文斯頓的世俗化版本？當然不是。比起維多利亞時代的人或是現代主義者，這個計畫在整體上顯露出一種幽微的思考、自省方式，和對家父長主義危險性更深刻的認知。但正因如此，我們更應對魯斯布格的華麗辭藻感到灰心，許多人不認為這些辭藻只是一種比喻，而是用字面意義解讀。他們認為住在烏干達郊區的非洲人真的困在十四世紀。「對同時間的否定」依舊鮮明存在。

為什麼危險？因為它讓我們看不到凱汀村民的生活並非困在十四世紀，而是活在由殖民及後殖民經濟和政治變化所形塑的二十一世紀世界中。凱汀是當代的，因為它受英國殖民政策影響，受伊迪．阿敏（Idi Amin）政權影響、受地區持續不斷的叛亂影響、受歐盟對農民的農業補貼影響、受國際貨幣基金的戰略計畫影響，除此之外還有更多影響。如果我們能將非洲他者置於過去的時代，我們就不必完全正視他們的生活與我們不同的原因。活在二十一世紀並不是擁有運作正常的醫院、網路和自由投票權，「現在」的形象——構成文明成就的事物——誤把部分視為整體；它拒絕承認「現在」的組成不只是歐美人對現代性的想像。

在上一章中，我為文化概念辯護，反對一些想要擺脫它的人，因為它是構成人類學分析的詞彙。因此，我便不該摒棄另一個詞彙，尤其它或許是和文化有著最緊密的聯繫。「文明」大行其道。今日，它的使用方式常常暗示著幾乎每個面向的優越性——技術、道德和倫理。無論是否明確，它的使用也經常顯露出對社會進化論計畫的依賴。這個計畫推動人類學的早期發展，也承擔了歐洲殖民主義的責任。但在本章的結尾，值得思考的是如果全都摒棄了，我們會失去什麼，或掩蓋了什麼。

美國陸軍上校在伊拉克提出了中世紀貝都因人住在羊毛帳篷的形象，但諷刺的是，任何考古學家都會告訴你，羊是最早被馴化的動物，在史前史的大脈絡來看，羊是文明的證明，而非缺乏文明。更重要的是，小學生也知道伊拉克是「文明的誕生地」。正是在古美索不達米亞、底格里斯河及幼發拉底河間肥沃的土地上，所謂的「文明」被孕育出來。除了古埃及，我們認為近東地區是歷史的搖籃，在西元前四千年即有文字的發展和城市聚落。在考古學中，「文明」早就有了更具描述性的功能，它指的是城市化——更好的行為舉止和更高的價值並非必要或唯一條件。

倫敦大學學院考古學家戴維・溫格羅（David Wengrow）最近努力解決了這個詞彙的複雜歷史和可能性。「是什麼造就文明？」他問。[26]他著眼於古代近東，提出的回答包含幾個部分。他認為最重要的是文明並非由其邊界定義。美索不達米亞和埃及被視為獨立且相異，但其區別中卻有顯著的地區間重要互動及交換歷史。對溫格羅而言，文明之所以是文明，大體而言是因為其關係的品質及深度。這個結論的基礎在於他仔細閱讀大量的考古紀錄，追蹤了西元前三千年原料和貨物（從青金石到穀物）流通和貿易的程度，從西部的特洛伊、地中海，到東部的查蓋丘陵和印度河流域，形成一個密集的網絡。為了說明這一點，他特別討論了杭亭頓的觀點，即文明非常像物體，容易碰撞和衝突。

溫格羅也想將文明研究的重點從紀念性和壯觀性，轉移到平凡且日常的事物。金字塔和廟塔是令人印象深刻的工程壯舉，而書寫是一項突破性技術，但除此之外，我們也該注意日常生活中的世俗實踐——烹飪、身體裝飾、家居布置等——考古學可以越來越準確地告訴我們這些面向。這就是我在上一章所提到的一句考古學口號的另一個版本：尋找被遺忘的小東西。

古代近東研究重點的轉變可以得出一個驚人的結論，即它如何強化、深化我們對埃及及兩河文明世界觀獨特性的了解。矛盾的是，儘管在這個「文明的鍋爐」中有著高度的互動，一個對世界的象徵秩序相對獨特的處理方式，在近四千年來仍保持下來。[27]在兩河文明，這種秩序是圍繞著房屋的價值而構成，在埃及文明卻是訴諸身體的價值，由此可知，「人類社會是深刻地依附於他們賴以生活的概念上」。[28]

溫格羅的結論指出了對人類學而言更進一步的疑問。如果學界都認為從泰勒到杭亭頓的文明及文化模式是不正確且錯誤的，那這該如何面對我們各自賴以生活的概念是如此獨特且持久的事實呢？即使對考古學家而言，四千年也是段相當漫長的時光。同樣要注意的是，如果我們在過去六千年的人類歷史看到的不是社會進化，那它是什麼？

第二個問題的答案很簡單，是變化。在某些情況下，我們可以稱這種變化為「發展」，甚至用更做作的詞彙，像是「複雜化」。但要稱這種變化為社會進化，是對文化運作的錯誤描述。至於第一個問題，我們已經有了一個良好的開端，因為這一章和最後一章都有一個重要的詞彙可以幫助我們了解這一點：價值觀。現在我們就來聊聊價值觀吧。

第三章
價值觀

我們所考慮的文化和文明可以進一步細分為對價值觀的關注。從文明的角度來看，這一點明顯到不行，如果你要美國人在空調和自由間做選擇，他們會選擇自由。新罕布夏州的座右銘是「不自由，毋寧死」。在德州更是如此，那裡的空調隨處可得。

就文化而言，人類學家在書寫尊尼人，或是倫敦的期貨交易員，或是玻利維亞的原住民足球運動員時，大多會歸結到價值觀的分析：好客、成功或平等。事實上，人類學家經常利用價值觀解釋他們研究的文化，在民族誌紀錄中，你會發現關於「平等社會」、「榮譽文化」等本質的熱烈討論和辯論。

我們傾向認為價值觀是持久、固定且不言而喻的，人類學所說的價值觀卻質疑這一點。因為在實證研究中，我們看到的是價值觀可以有多大的創造性和靈活度。這並不等於說價值觀是容易改變、相對、單薄的，甚至在不方便時就能拋棄。但「自由」到底對美國人或其他人意味著什麼，都不應該被視為理所當然。

幾乎在所有好的民族誌研究中都可以發現這一點。在某種程度上，幾乎每個研究都會告訴我們一些關於價值觀的事——甚至更準確地說，是實踐中的價值觀。不過，在大多數情況下，價值觀並不是明確的重點。而在非常少數的情況下，人類學家才會用類似理論的方式來處理價值觀。但還有些值得注意的例外，我會在本章舉出其中兩個研究作為討論的框架。第一是對地中海人民和文化的研究，其中探索了榮辱的價值觀，至少有些人類學家認為這是此區域認同的一部分。第二個研究的理論更加明確，法國人類學家路易．杜蒙（Louis Dumont）認為價值是一種特別的人類學觀念，值得特別關注。

榮譽與恥辱

對價值觀最重要的討論，發生在人類學家對地中海的研究之中。在一九五〇年代晚期，這些人類學家開始更廣泛地思考他們所研究的對象——例如高地希臘村民、阿爾及利亞柏柏爾人或安達盧西亞農民——似乎是以榮譽與恥辱的價值來建構他們的生活。這一時期的某些民族誌紀錄中，男女（不過通常是男人）似乎完全專注於爭取和保護他們的榮譽，有時候是個人榮譽，有時候是家族榮譽，甚至有時候是群體榮譽。在許多情況下，這種關注是女性受到威脅或侵犯所引起，尤其是姊妹或女兒。

在希臘、阿爾及利亞、西西里、埃及和西班牙，許多人類學家也發現一些社群的社會生活似乎圍繞著一系列矛盾的態度和傾向：這些人非常好客，但他們卻對外來者抱持濃厚的懷疑態度；他們鼓吹獨立和平等的道德觀，但卻過著嚴格社會階序的生活，並非常依賴庇護者（Patron）；男人強調他們的虔誠和忠誠，同時又強調他們的男子氣概。因此，在社會動態和關係中的確存在共通元素，而許多這些矛盾的關係似乎要從榮譽和恥辱的問題著手討論。

我們很容易便能想像出一個刻板形象，但就跟多數刻板印象一樣，這是有問題的：西西里的男人或許挺著胸膛、非常好客有禮、非常驕傲自信，但他們的魅力和良好的風度會因一些小事在幾秒內就變成憤怒；或許是社會階序比他低的人越級說話，或許階序比他高的人用某種方式貶低了他，又或許是一個追求者對他妹妹爽約。權力、地位和性：這些都是和榮譽有關的常見問題。

好萊塢用這種刻板印象賺了很多錢，這當然也是個問題，這問題我們在上一章已經談過。你知道，那些南方的歐洲人……那些阿拉伯人……他們只是不能控制自己的情緒……不是那麼的……文明。

稍後我會再回來討論這些問題，尤其是該地區的人類學家如何將之識別出來並加以處理。在一九八〇年代晚期，錯誤再現的政治及道德風險導致學者不再進行榮譽和恥辱的研究。但這些文獻無疑可以幫助我們理解價值觀的內涵，也就是按照特定的想法組織一個人的生活和行為意味著什麼。此外，這些文獻為人類學兩個長期的挑戰提供了實例：其一，如何平衡一般主張和特定發現；其二，如何真誠地對待我們的研究對象。

這類研究在一九五九年真正奠定了基礎。一群人類學家聚集在奧地利的城堡裡，討論如何統整他們看似不同的計畫。*他們的研究區域都在地中海附近國家，但這乍看之下似乎是偶然的。畢竟，即使考慮長久以來的貿易路線和其他縱橫交錯的海上連結，地中海仍是非常多樣化的區域。我們討論的這個區域涵蓋了三個亞伯拉罕信仰的主要中心，其中包括長期融合的游牧和農業社會，在這些社會裡可以看見各種親屬結構，人民使用的語言不少於三種（印歐語系、亞非語系和突厥語系）。即便如此，工作坊的召集人佩里斯蒂尼（J. G. Peristiany）相信其中有一條聯繫彼此的線索。不同的參與者觀察到，無論從何處進入這個區域，榮譽和恥辱都是人們生活的中心。佩里斯蒂尼認為，這些價值組成「地中海人的思維模式」。[1]

奧地利工作坊的成果最後在一九六五年出版成《榮譽與恥辱：地中海社會的價值》

（*Honour and Shame: The Values of Mediterranean Society*）一書。有關西班牙、阿爾及利亞、埃及、希臘和賽普勒斯的獨立章節分量十分可觀，這無疑在地中海人類學留下了不可磨滅的印記。

書中最有影響力的章節由朱利安·皮特—里弗斯（Julian Alfred Lane Fox Pitt-Rivers）所寫。他曾就讀牛津，但在他那個時代，很少有人對西班牙感興趣。他的文章〈榮譽和社會地位〉（Honour and Social Status）由兩部分組成，第一部分是對榮譽概念歷史的整體粗略評論，內容發人深省，且有趣地引用了莎士比亞戲劇和西班牙民族英雄熙德（El Cid）的故事。第二部分較專注且扎實地分析了安達盧西亞村的情況。對那些知道內情的人來說，這篇文章也很有趣，因為皮特—里弗斯來自他描述的世界之一，而那和西班牙鄉民的世界不一樣。

皮特—里弗斯出身貴族世家，他的曾祖父也是牛津人，是一位紳士考古學家，創建了大學的人類學博物館。（不幸的是，他的父親是優生主義者和納粹支持者，第二次世界大戰有段時間被關押在倫敦塔。）皮特—里弗斯一個親近的同事曾好奇他為什麼要費心寫一篇學術論

* 這座城堡屬於溫納—格倫基金會（Wenner-Gren Foundation）的人類學研究部門，其總部在紐約，或許是世界上最重要且專門致力於支持人類學（包括四個次領域）的基金組織。他們最後還是賣了城堡，但仍繼續贊助大型工作坊及許多研究計畫。近年來，在這些工作坊所發展出來的論文發表於《當代人類學》（*Current Anthropology*）的特刊中，民眾在網路上可免費閱讀這些特刊。

文，在他的職業生涯中，他曾經在美國、英國和法國都工作過。像他這個等級和地位的人做這種事只會分散他對真正工作的注意力！

皮特－里弗斯似乎有典型的局內人矛盾心理。在他對榮譽守則的廣泛反思中，他先將貴族和歹徒的態度進行比較，當然，對每個人來說，榮譽是至高無上的，但這是因為他們視自己為規則的例外。貴族和歹徒都認為自己能超越法律：前者是高於法律，後者是在法律之外。對每個人來說，榮譽守則與國家支持的正義和權利並不相容，而後者應是現代世界的基礎。

國家的相對權力往往被視為榮譽文化力量的關鍵因素。國家越強，由非個人官僚和司法組織而成的中央政治權力系統便越強，作為核心價值的榮譽就越不重要。所以，在這套價值相關的公式裡，地中海國家權力較弱是很重要的因素。正如在這個背景進行研究的許多人類學家所強調的，權威存在於家庭單位的力量之上，權力的展示出現在個體或群體間，甚至涉及團體認同時也是如此。權力和地位經常以逞凶鬥狠的樣貌呈現，有時甚至以原始的方式主張權力——例如從偷羊到暴力行為（在地中海牧民中很常見）解決意見分歧或個人違法行為。

皮特－里弗斯也想強調榮譽和身體之間的緊密關聯，這種連結讓暴力成為一種重要的求償手段，或是為被羞辱者辯護的方法。以授予或認可榮譽的儀式為例，這些儀式經常將重點放在頭部，從君主加冕到授予牛津學位（畢業生用《新約》碰觸頭部——雖然現在可能用世俗的其他東西代替）。在承認另一人的榮譽地位時，傳統上也會脫帽或低頭。對軍人來說，就是敬禮。無論男女，蓋住頭部都是一種保持和傳達其尊貴地位的方式，像是提到頭巾就會想到穆斯林的女性。但看看古時西西里天主教婦女或希臘東正教婦女的照片，她們的頭也會裹著頭巾。（男人也可能戴帽子。）另一方面，皮特—里弗斯提醒我們，在早期歐洲歷史，最羞辱人的處決方式就是斬首。「砍掉他們的頭！」可不是隨口說出的惡言。

皮特—里弗斯在文章中對安達盧西亞所進行更深入的討論，為整個圖像增加了精彩的細節和特色。他告訴我們，在加的斯山鎮（Sierra de Cádiz），人人都會將榮譽掛在嘴邊。在這裡，榮譽就像社會的黏著劑；這裡沒有強有力的法律制度，重視一個人的榮譽是讓社會和經濟交易得以順利運作的原因。但這種方式也有它的限制。兩人交易時必須遵行榮譽，尤其是希望能形成親密的連結時：例如家庭、朋友或是生意夥伴。然而，如果對方是比較抽象的他者或權威，例如國家，一切就很難說了。他說，這些安達盧西亞人在欺騙政府時毫不感到羞恥，因為國家不會和個人建立關係，無法滿足榮譽守則的要求。

然而，在皮特—里弗斯說法裡最重要的一點，是榮譽和恥辱有時候的矛盾動態關係——單一「價值」如何能產生出矛盾的要求，或是成為相反的面貌。皮特—里弗斯在對一位名叫曼紐爾（Manuel）的男子的評論中捕捉到這一點。

不客氣地說，曼紐爾又矮又胖又醜，而且已婚。皮特—里弗斯說，有次在山谷的一個節日裡，一名年輕美女走過曼紐爾身邊，看都不看他一眼，曼紐爾轉頭跟皮特—里弗斯說：「如果不是手上的戒指，我才不會讓那女孩像那樣從我身邊走過。」[2]皮特—里弗斯解釋道，曼紐爾「又想擁有蛋糕但又要吃掉它」：他自稱是內心充滿男子氣概的男人，充滿陽剛欲望和精力，但實際上他是個顧家的男人，尊重他妻子的榮譽。他說出近乎羞恥的話（只是近乎，因為他還是十分忠貞），是要讓他免受某種恥辱。顯然，這是村裡所有男人面對的矛盾。他們又要表現得躍躍欲試，又要保持潔身自好，而榮譽的多面性才能讓這種矛盾存在。

矮、胖、醜、已婚、還有窮，對曼紐爾而言，因為他卑微的背景和地位，讓情況變得更糟。但他還有一個優勢：他懂得務農的訣竅。曼紐爾很了解農業，在此方面享有名聲。如果有人需要建議時會向他求助，但曼紐爾卻過度延伸這個名聲。皮特—里弗斯說，他還會在農業之外對更廣的主題提供建議，有時候還是在沒人需要的時候。榮譽文化往往容忍高度的自吹自擂，它是主張和維護自己聲望的方式。即便如此，它仍有局限性。曼紐爾似乎延伸得太遠了。「我沒什麼錢，」他喜歡這麼說，「但我心裡有比財富更重要的東西，我的榮譽。」[3]在此，榮譽和恥辱的界線變得非常薄弱。而在其社群中的人看來，曼紐爾似乎已完全抹去那條界線。

皮特—里弗斯的觀察堪稱典範，是絕佳的人類學研究，因為他指出最重要的價值觀既穩定又具彈性。認識到這一點非常重要，不只是為了理解地中海的榮譽文化，還有任何文化或社會的價值觀。我們不該將價值觀視為固定不變的，即使我們經常假設它是如此。價值觀更像風向標，它們是「固定的」，然而經常會依空氣中的東西而移動或改變方向。這是人類學價值觀研究中一項持久的經驗教訓。

不是所有參與早期榮譽文化辯論的人都安於欣賞生活概念背後的模糊性和流動性。在知名且受人尊敬的西西里專家珍・施奈德（Jane Schneider）眼裡，皮特—里弗斯和其他研究榮譽及恥辱的先驅沒有探究背後的原因。當談論這些價值觀的重要性時，為什麼會在地中海區域發現這種連續性？

施奈德提出一個非常簡單的答案：生態。她認為，榮譽文化傾向在游牧民族中發展，但不是什麼牧民都可以，而是久而久之受到農業民族影響，因而無法保障獲取資源的游牧民族。也不是任何一個受壓迫的牧民都可以，而是那些居住在中央集權缺乏或相對薄弱的地方。（《榮譽和恥辱》一書至少注意到這一點。）

游牧生活很艱難，需要大量的移動，還有很大的不安全性，因為你不知道你的羊群能不能得到足夠的草地。其他人可能試圖阻攔他們，甚至偷走他們的牲畜。在這種脈絡下，偷竊常常成為一種美德；在合適的情況下，它甚至是一種榮譽的追求。「在薩丁尼亞，九到十歲的牧童如果沒偷過動物，會被稱為奇斯涅利（*chisnieri*），意思是抓著營火灰燼的娘娘腔。」[4]

游牧生活的社會組織具很高的彈性，基本單位是家戶，根據他們能取得的資源而擴大或縮小。在富足的時候，家戶會擴張；資源缺乏的時候，家戶會分裂各自生活——或者滅絕。你可以把家戶看成一種社會保險形式；你只會和住在同一個屋簷下的人（也可能是帳篷）分享物資，其他親戚就得靠他們自己。

由群體靈活度所定義的季節性遷移或游牧生活，也需要充足的政治與經濟自治權。在游牧族群中，成人（特別是男性）自己擁有權威，也必須隨時服從於他人的權威，因此，牧民生活很重視核心家庭，儘管在許多方面，這種對家庭的重視只是過度個人主義的偽裝。

世上許多地方都能看到這種牧民的生活動態，例如在蒙古大草原。但施奈德說，地中海與眾不同的是，那裡大海兩側的乾旱區和山區都有許多農業社群。基本上，這些農業社群的組織和牧民社群相似，例如親屬結構和政治組織都非常分散、以家庭為中心、容易發生內訌，且很關心食物的供給安全。施奈德假設這些特別的農業社群曾經是牧民，只是將牧民的生活方式轉變成定居的農村生活。問題是，這些生活方式不太適合橄欖園，地中海地區普遍存在的一項習俗也引起一個特別的問題，那就是大家所知的繼承的可分割性（即將遺產分配給所有繼承人）。*在分割農地時這可能會出現棘手的情況，造成手足因土地邊界、水源之類的狀況發生爭執。（這套規則比較適用純游牧生活：若十隻羊要分給五個小孩，一人兩隻就可以。）

所以，是的，做個牧民很難；當你內心是個牧民卻要做個農民，會更難。施奈德總結說，在貧瘠、陡峭的土地上，這些社群相互對立，他們在意識形態上強烈地忠於家庭，但更忠於自己，這裡的社會關係比其他環境「更加複雜和充滿衝突」。[5]

但它們不會瓦解，不會陷入混亂或肆無忌憚的暴力，不會因羊群或年輕女人就讓場面失控。家庭實際上是和諧的，合作是存在的，暴力不如你想像的常見，羊隻和駱駝也不會被偷。這是因為這些社會有強大的榮譽和恥辱守則，調節著可能導致分裂和解體的緊張氣氛和風險。

到頭來，我不確定施奈德對於「為什麼」的答案可以帶領我們到哪裡。這裡還有另一個問題：為什麼是榮譽和恥辱？在這種分裂的社會群體中，這一對價值有什麼特別合適或自然之處嗎？

人類學在解釋起源和因果關聯時有不良的紀錄，這當然不是施奈德的錯，我們已經看見莫

---

* 而非由長子繼承，即長子繼承制（primogeniture）。

基在類似定律的分析上會有什麼危險和缺點；泰勒和社會進化論者就沒有做好，許多其他人也是如此。但它的確給我們留下剛剛提出的問題。

這些討論中的另一個重要人物邁克爾・赫茲菲爾德（Michael Herzfeld）找到了回答這類問題的答案。他在一九八〇年發表的文章中提出，這個問題本身就是一個誤導。如果查看英語中「榮譽」一詞涵蓋的範圍，你會發現它比你預期的還要廣泛、細微且特別。[6]換句話說，沒有所謂地中海的「榮譽與恥辱」文化，除非我們把榮譽視為一個空洞的詞彙。實際上，赫茲菲爾德比皮特－里弗斯走得更遠，皮特－里弗斯看見把榮譽和恥辱視為模糊且流動的概念的優點，而赫茲菲爾德則是看見缺點——普遍化的缺點。

為了支持他的論點，赫茲菲爾德用他在希臘兩個截然不同的社群的田野工作來加以說明：羅德島的佩夫科（Pefko）和克里特島西部的格倫迪（Glendi）。對兩者而言，對「社會美德」（*timi*）之愛（*filotimo*）是很重要的事情，但其實踐和培養方式在各自的情境中看來完全不同。赫茲菲爾德告訴我們，佩夫科人是守法、冷靜的公民；相比之下，格倫迪人將無法無天視為美德：他們偷羊、賭博、攜帶槍枝，並且普遍蔑視權威。在佩夫科，美德之愛來自服從國家命令，關懷整個社群。在一次乾旱中，市長公開指責少數家庭用太多水灌溉自己的作物；他們必須「展現美德之愛」，而如此自私的行為，顯然就沒有做到。在佩夫科，美德之愛也與自私自利（*egoismos*）格格不入。這些希臘人行為端正並且是社群導向的，這就是他們榮譽和恥辱文化的定義。

另一方面，在格倫迪，自私自利或多或少是美德之愛的先決條件，除非你對自己有很高的評價，否則就沒有社會美德（從賭博和偷羊可證）。如果格倫迪發生乾旱，市長不會用廣播系統指責什麼人。你得自己小心，看好自己的水源。所以在格倫迪，榮譽和恥辱文化與佩夫科截然不同。這也引出一個問題：到底為什麼要把這些都稱為「榮譽與恥辱文化」？從表面上看，它似乎透露不出多少訊息。

一九八〇年代，地中海學家越來越多人鑽研這個問題——從試著思考由特定價值觀定義的「文化區域」，到更精細的分析，通常致力於找出特定傳統或語言群體中價值觀的各種表達方式。*這時期的研究也越來越注意分析和民族誌的性別本質：在早期的研究中看來，似乎是男性在維護和獲得榮譽；所有女性好像都只能為自己和家族帶來恥辱。不過，在一九八六年，阿布―盧戈德根據她對埃及貝都因人的研究，發表了一本重要的論著，提出榮譽對女性有多重

* 要知道，一九八〇年代是詮釋人類學的全盛時期。對語言、文化和意義的關注——有時稱為「文化的符號學方法」——是主要議題，赫茲菲爾德和阿布―盧戈德所在的美國更是如此。葛茲也經常稱此為「特殊主義」，意即他不喜歡一般化，且他認為人類學必須研究文化的脈絡，否則就沒有價值。

要，並且是表現在謙遜的用語上。阿布—盧戈德是透過對當地詩歌傳統的仔細分析才發現了這一點。[7]

榮譽文化觀點在一九八〇年代末期終於失敗，失敗的主要原因有三。第一，我們先回到好萊塢觀點——因為它產生的刻板印象是有問題的，進化論邏輯和男性中心主義邏輯在其中都發揮了影響力。第二，因為許多人類學家的企圖心和研究題目產生普遍的變化；正如我所說的，到了一九八〇年代，對不同文化進行普遍化的討論不僅會導致漫畫般的差異畫面，打從一開始普遍化就不是好的學術研究方式。

然而，就像鐘擺一樣，這一點也一直在搖擺。從對榮譽研究（或美德之愛，或自私自利）的態度就可看出態度在軟化，並激起了新的興趣。[8]相關區域的研究也有這種跡象，例如二〇一二年出版了一本關於好客的人類學研究著作。好客是地中海另一個重要的價值，這個主題引起的關注比榮譽和恥辱更加強烈。[9]不過在關於約旦「家庭政治」的文章中，我們發現一些特別有用的觀點，說明為何應該重提榮譽與恥辱。

安德魯・什里克（Andrew Shryock）於一九九〇年代在約旦進行研究的過程中，驚訝於所謂「家庭政治」影響當地人道德感知的程度。在哈什米王國（Hashemite），強而有力的家庭政治發揮了作用。這一點在社會和政治關係都是以家庭為框架的狀況中相當明顯。象徵語言都是以親屬詞彙構成，所以國王就像是父親，而在一定程度上，反之亦然。當然，這不是約旦獨有的，也不是阿拉伯世界獨有的，但當它結合了對榮譽和恥辱的關注時，就成為強大的重要特徵。在約旦，「榮譽的概念不斷重新創造政治文化。在這種文化中，家庭、部落和民族國家都要接受同樣的道德論證」。[10]

什里克認為要好好思考約旦的政治，不可能不留意這種表達方式。如果忽略它，就是在無視當地的關懷和堅持，而這是來自一種他所謂對一開始整個榮譽文化的討論持續有的「知識不安感」。又是好萊塢式的麻煩！不過如果你是正在做田野的人類學家，而你所研究的對象將榮譽、名譽和尊嚴的概念用在「幾乎每個可以想像的脈絡」下（如什里克所描述的），那麼這種對知識不安感的恐懼必須藉由對社會事實的堅定信念來化解。

這裡的重點不只在於人類學家必須考慮土著觀點，而且我們已經討論過那一點了。什里克提出另一個重要的觀點是，如果我們拒絕在其自身的條件下來認識家庭政治，而堅持要使用符合西方學術敏感度的語詞，我們的分析立場就會變得貧乏。換句話說，問題不在於家庭政治或榮譽準則——即使它包含希臘、約旦或西班牙的所有特點，而是若不用歐美標準，就無法理解其邏輯、力量和意義的無能。

剛剛說榮譽文化的概念失敗有三個原因，我已經討論了兩個。第三個或許是最重要的，也就是沒有一篇文獻能從系統性結構的視角得到幫助。這些人類學家沒有一個能對價值本身進行理論化的探問。在《榮譽與恥辱》中，沒有一個作者解釋關注價值如何能說明文化或社會的本質。對皮特－里弗斯和其他同時代的學者而言，價值觀在文化的維持上扮演功能性的角色，基本上他們認為地中海人的榮譽和恥辱是壓力的釋放閥，要藉此才能釋放或管理壓力，而不是透過其他管道（如強大的國家）。另一方面，對施奈德而言價值是一個表徵，反映所有各種形塑社會群體生活歷程的生態、經濟和政治因素。但實際上，人們甚至可以問問施奈德一開始是否就對價值感興趣。在她對榮譽和恥辱的重要文章中，施奈德從未使用「價值」這個詞：她用「意識形態」、「想法」、「規則」、「準則」來說明榮譽和恥辱，但從未提過價值。

從對地中海的豐富研究中，我們了解許多關於價值觀的知識，但它卻未提供我們「價值理論」。這不一定是個問題，因為禁得起時間考驗的幾乎一直是民族誌，而非它的理論包裝。我們從地中海榮譽與恥辱的民族誌中，能豐富且細微地了解固定又靈活、且幫助形塑社會生活的價值觀（或概念，或意識形態）的本質。

在榮譽文化討論風氣盛行的同時，還有人用更系統性的方式企圖理論化價值。帶頭者是巴黎的路易．杜蒙，接下來我來聊聊這項努力。

整體主義及個人主義

路易．杜蒙最知名的重要著作《階序人》（*Homo Hierarchicus*）出版於一九六六年，內容講述印度種姓制度。在他眼中，「種姓制度是最重要的觀念和價值體系」。[11]不過，在仔細討論他的觀點之前，我們先談談人類學家所理解的種姓制度。（從印度教祭司那裡可能會聽到不同的解釋。）

「種姓」這個詞在西班牙語、葡萄牙語、英語和其他羅曼語、日耳曼語中最初是指種族、排外團體、部落或「沒有經過混合的東西」。[12]在印度大多數語言（印地語、孟加拉語、泰米爾語、泰盧固語）中所用的詞彙是*jati*，經常被翻譯為「種類」或「物種」。種姓有上千種，而且不一定固定不變。*同時，人們普遍認為，一個人無法從一個種姓移動到另一個種姓。

種姓經常和傳統職業或技能有關，所以整個印度有木匠、皮革工、陶器工、磚瓦工等種姓。這些都是重要的區別，而且的確在某些地方只有皮革工會加工皮革。還有地位較低的種

* 有些人類學家（如杜寧凱〔Nicholas Dirks〕在二〇〇一年的作品）曾提出英國比過去幾千年印度教的思想和實踐還更加努力在固化種姓階級的範疇。殖民政府喜歡明確的社會和法律身分，這樣管理帝國就能容易許多；特別是擁有印度這樣的殖民地，其複雜、多樣、精細的程度大約是英國的十倍。

姓，包括賤民（Dalit）（有時候會被稱為「不可接觸者」），從事不潔的工作，像是掃街和清潔下水道。種姓的最高階則是婆羅門、祭司和教師。他們是許多儀式的核心，這些儀式對整個體系的凝聚性和純潔性是很必要的。婆羅門被認為是最能代表印度教整個體系的種姓。

在社群組織和互動之中最能具體感知到種姓制度的存在。在印度鄉下的村莊或小鎮中，某個種姓的所有成員可能住在同一個範圍較為明確的街區，喝同一口井水（而不喝其他井），聚集在一個公共空間。另一個明顯存在之處是一起吃飯的人；共生受到非常嚴格的控制，因為它代表某種親密性或聯繫。

當然，模式總是比現實理想。在過去的兩百年裡，我們可以追溯到一些改變種姓制度，甚至挑戰種姓制度的歷史、社會和文化因素。舉例來說，基督教傳教士長久以來都能在賤民階級裡找到特別專注的聽眾，因為他們的訊息提供了以個人主義為基礎的新形式自我賦權。由知名人士甘地和阿姆倍伽爾（B. R. Ambedkar）領導的社會和政治改革計畫也有助於形塑公眾的看法和政府立法；現在政府採取大量措施幫助位階較低的種姓，印度憲法也規定了類似於平權行動的條款（透過指定「表列種姓」〔Scheduled Castes〕和「表列部落」〔Scheduled Tribes〕）。西方教育（通常由傳教士提供）及都市化、全球化也影響了種姓區隔。至少，電腦工程師和航空飛行員沒有相應的種姓階級。

人類學者已經研究了大部分的此類變化，以及其他相關主題。在一九五〇年代的研究中（現已成為經典研究），人類學家斯里尼瓦斯（M. N. Srinivas）追溯農民在南印度村莊裡成為主導種姓的方式，大多是透過教育或謀取公職達成；這讓他們可以買下許多土地，取代包括婆羅門在內的高階種姓的經濟優勢。所以即使在較大的宇宙觀圖像中，婆羅門身處優越地位——例如，只有他們能進行某些對社會生活正常運作必不可少的儀式——他們還是得諮詢村莊裡的農民庇護者，因為這些農民才有決定權。[13]

儘管如此，不管種姓是古老印度教神學，是婆羅門精英傳播的意識形態，還是由大英帝國所建構，一般認為種姓是後殖民時代的現實。有位專家寫道：「種姓不是社會組織抽象、潛藏的原則，它出現在印度鄉村的日常生活中，它確實是每個人社會及個人認同的一部分。即使到現在，種姓區隔已不如過往，它仍沒有完全消失的跡象，在城鎮及城市中亦然，儘管許多都市的社會活動已包含大量無名陌生人。」[14]

無論種姓制度是否出現在日常生活中，杜蒙的興趣在別的地方：體系的價值。他的人類學研究重點不在特定印度村莊的婆羅門是否擁有所有土地，或是農民是否侵占了土地。杜蒙是個結構主義者，因此，在處理種姓制度問題時，他就像是繪圖桌前的建築師，而不是工地現場的測量員。

杜蒙對種姓的興趣在於它如何作為一套價值，而價值就是心態、意識形態和思想。[15]這些價值具有社會性，他寫道「社會存在於每個人的心中」。[16]此外，這種觀點非常持久。種姓作為一種結構，它就是出現或不出現。而對杜蒙而言，種姓制度不會消失，以他的說法，所有你能記錄到的變化——地主農民、無土地的婆羅門、重生的基督徒賤民——都是「社會中的變化，而非社會的變化」。[17]

杜蒙的觀點引來許多批評，學術界的人認為他忽略了實際情況，政治運動分子認為他在對根深柢固的不平等致歉。許多在印度做研究的人類學家無法支持杜蒙的分析。我曾在奧斯陸和一些同事共進晚餐，出於某些原因，提到了杜蒙，晚餐的主人為了表達他對杜蒙的反對，差點被鹿肉噎住。但對杜蒙來說，這些批評——無論有多合理，無論用什麼「政治詞彙」——會讓人無法看清大局，而大局和釐清種姓制度本身的價值觀有關。

當然，階序是這個體系裡的一種價值，潔淨也是。事實上，杜蒙在他的研究中經常強調潔淨：關於一個人可以和誰吃飯、和誰互動、如何維護一座廟宇等所有嚴格規則。但杜蒙對階序的興趣分為兩個層面，他對高層面更感興趣，我們可以稱之為日常生活層面。他認為，階序不應和社會分層相混淆，而西方對種姓制度的批評者經常會混淆這兩點。不僅僅是因為在結構層面上，每個價值體系都是有階序的，包括我們在《法國人權宣言》或大西洋彼岸的《獨立宣言》中看到的。在理論層次上，階序只是「整體中的元素依據與整體的關係而排列的原則」。[18]因此，在杜蒙看來，一些用意良善的種姓制度西方批評者因為無法認清自己的價值體系而作繭自縛。

如果我們將杜蒙的印度研究與他較大企圖心的計畫，即對西方和非西方價值觀的比較來對照，可能會有幫助。杜蒙對這個主題著墨甚多——例如針對基督教歐洲個人主義興起便寫了好幾本書和長篇文章。《階序人》只是大型比較計畫的一部分。

在處理西方價值觀時，杜蒙認為最高價值是個人主義，他於是致力於削弱一些對個人主義的重要性和表面的自主性過度膨脹的說法。因為個人主義顯然是階序的一部分：它的價值超越「想法的階序」中的任何其他事物。[19]杜蒙指出，在西方，自由是個體性的先決條件；這也是西方人認為種姓制度不公平的部分原因：它不允許自由選擇或社會移動，因此也阻礙了個人實現。我們回頭看看那些比任何人都擁護自由（至少在言詞上）的西方人，也就是美國人，來討論這一點。

「不自由，毋寧死」大致上能歸結杜蒙的說法。你應該誓死追求自由——而不是合作或尊敬，這種說法呈現出一種價值的階序。然而，正如杜蒙所指出，自由的必要性——成為一個個體——有兩個矛盾的結果。第一，它表示你必須自由，你不能選擇要不要自由。第二，它表示我們其實都是一樣的；畢竟，我們都是個體，常用一致的方式表達出我們的個體性——而且可能是在從其他自由生活者得到合作和尊敬的基礎上。

在某種程度上，這又回到在特定時空、特定語言中，價值意義的流動本質。換句話說，我們又回到皮特－里弗斯和赫茲菲爾德試圖強調的，也就是對地中海文化榮譽與恥辱感興趣的人類學家所提出的一些重點。但杜蒙提出的是更系統性地思考價值關係的架構，其觀點的核心在於所有社會都有最高價值，最高價值中又包含較低的價值。這就是他所說的價值階序，也是他的理論對其他人類學家造成最大影響之處。

回到印度和種姓制度，杜蒙說它的最高價值是整體主義。重要的不是部分（某個種姓團體或個人），而是整體。整體並非由相互競爭或對立的部分組成，而是由互補的部分組成，表現出一致性及和諧性，並必須一起合作來實現至善：即整體主義。就其本身而言，它是很合理的，一個一致的象徵體系，表達出宇宙秩序——此外，這種秩序不只定義了印度，也定義了大多數非西方世界。

杜蒙經常用階層說明價值體系，這與結構的隱喻非常一致。這意味著在種姓這類制度中，社會關係在某種脈絡中可以顛倒或改變。一個常見的例子是婆羅門和國王之間的傳統關係。

（印度社會曾受國王統治，現在王權雖已倒塌，仍然是非常強大的象徵。）在宇宙或宗教的層面上，婆羅門是人類更完整、更純粹的代表；他們是整體的一部分，但在幾個重要的面向，也是最能代表整體的部分——至少在宗教的層面上。然而，若論政治權力，婆羅門是國王的附庸，必須服從國王。所以在政治脈絡下，婆羅門擁有的「地位」和國王擁有的「權力」是脫節的。在近代印度史中，我們或許會說經濟力量已經超過了王權，例如在斯里尼瓦斯的研究中，我們可以注意到南印村莊的農民具有經濟力量，這份力量在村莊關係中至關重要。婆羅門在大事上必須諮詢當地的農民，這便是地位和權力無法完全相符的情況。不過根據杜蒙的模型，無論在何種情況下，婆羅門總因為他們靈性上的潔淨而被認為是優越的。因此可說，潔淨的價值「包含」了政治力量或經濟成功。

許多西方脈絡中也有相似的動態，重要的是要記住，個人主義不一定勝過其他價值，在新罕布夏州也不行。事實上，我不斷提及的這些不自由毋寧死的美國人也可能會說：**當然，自由和個人很重要，但我的家人也很重要！**家庭價值的確在美國占有重要位置，但這種「整體主義」經常被個人主義的最高價值取代。這種情況越來越頻繁，可由一連串例子中看出。從典型的（叛逆的青少年）到悲劇的（國家對受虐兒的介入），到至今看來仍顯荒謬的（紐約羅徹斯特一名十三歲男孩控告父母讓他天生紅髮）。*

杜蒙大部分的興趣在於了解西方與非西方世界的差異，但他也提出，這些差異與現代或非現代性有關。他認為，西方個人主義是由歐洲歷史中產生，尤其是因其宗教（基督教）和經濟（資本主義）潮流而生。曾經有段時間，即使在美國，紅髮少年也不能控告他的父母。

我們現在沒空追溯這段歷史的細節，但如果你是熱門影集《唐頓莊園》（*Downton Abbey*）的戲迷（作者為英國作家朱利安．費羅斯〔Julian Fellowes〕），就會熟悉這段歷史的濃縮版。不用說，約克郡（影集設定的發生地）和印度截然不同，組織體系不是種姓，而是階級。然而，進行比較仍有所助益。（種姓和階級或許是不同的體系，但它們也有一些相似處。）

《唐頓莊園》追溯第一次世界大戰時期英國貴族的衰落，隨著俄羅斯革命、婦女選舉權和中產階級的興起（他們比貴族精英更有商業意識，也更有錢），變革之風席捲歐洲。唐頓莊園是格蘭特罕伯爵家族的家，這種真的有在運作的貴族莊園越來越罕見。但它承受了許多壓力，全靠伯爵娶了一位美國女繼承人才得以延續。其實伯爵也因加拿大鐵路計畫出錯而失去所有的錢，後來是靠在曼徹斯特的中產階級律師表弟才救了唐頓莊園。所以唐頓莊園得以苟延殘喘。在這個過程中，家族中各個成員和他們的僕人扮演、表現出不同的社會秩序。有些僕人，甚至是家庭成員渴望自由和變化的新世界，也就是個人主義的現代世界。但有些人還是覺得在舊有的方式，也就是整體主義中會比較舒服，也能找到某種和平的正義。整體來說，貴族莊園的懷舊形象通常會勝出，在這種莊園裡，每個人都有自己合適的位置，也知道自己的位置，這樣很好，很有效：僕人受到尊重和照顧，就像家庭的一分子——他們也能享受起司和美酒，能在他們的餐桌上用餐，還有退休後分得村舍的保證，他們甚至能在有需要時聯絡家族的倫敦律師。最重要的是，貴族在意並感受到對這整個生態體系的責任，這不只包括「在職」的人（廚師、女僕和男僕），還有佃農及附近的村民。在整體主義的角度上，格蘭特罕伯爵經常說，他只是在照顧唐頓莊園；他是個管家，不是個冷酷自私個人主義的主人。

《唐頓莊園》的劇情演出了變化萬千世界中翻來覆去的價值——責任、榮譽、自由、忠誠——這一切開啟了整體主義和個人主義兩種最高價值的某種競爭。慢慢地，隨著六季劇情的演進，貴族體系的整體主義被現代民族國家的個人主義取代。但這個失去的過程還是帶來了悲痛。比起杜蒙對印度的描述，如果想理解價值的運作，《唐頓莊園》是更加生動的例子，並展現了人生的戲劇性如何由人們所持有的價值而增色，這方面確實比《階序人》做得更好。然

* 最後一個例子來自一個網站的貼文，網站的名稱你一定會覺得很有趣：「維吉尼亞個人自由中心」（the Virginia-based Center for Individual Freedom）。請見：https://cfif.org/v/index.php/jesters-courtroom/3068-a-colorful-lawsuit。

而，有些人類學家既能善用杜蒙的理論想法，也不會犧牲生活的細節和戲劇性。其中有一個人關心巴布亞紐幾內亞高地的一個小群體，那裡在一九七〇年代晚期經歷了一場戲劇性的變化。

道德折磨的案例

烏拉敏（Urapmin）是個由大約三百九十人組成的群體，居住在巴布亞紐幾內亞的西邊。這個國家至今有許多地區都因為高山和密林而顯得偏僻。這代表在殖民時期，許多美拉尼西亞族群因此無法親身接觸外界——至少比南亞、非洲和大部分的南美洲等地機會少得多（亞馬遜河流域是個例外）。

這某種程度上導致了即使在一九七〇年代晚期，傳教士也未全力對烏拉敏人傳教。儘管如此，還是有一些烏拉敏男人曾在地區性的教會學校受教育。等他們回家時，他們所傳的福音讓這個社群大量改變信仰，幾乎每個人都成了基督徒。

喬爾・羅賓斯（Joel Robbins）於一九九〇年代早期至烏拉敏進行研究時，他沒想到會遇到這股信仰重生的熱情。[20]他想要研究當地儀式神祕性的傳統——在美拉尼西亞的文獻中是一個重要主題。但他看到的卻是虔誠的基督徒，而傳統儀式對他們來說已不再具有意義。這是一個基督教很具有靈恩魅力的形式，罪惡和救贖才是最重要的，導致烏拉敏人拋棄了他們的傳統儀式體系，也拋棄了與之相關的禁忌。他們認為，要當一名好基督徒，就需要推翻異教徒的生活方式。正如他們所說的，他們需要守法——按照他們理解的基督教戒律行事。

這種對基督教律法和救贖的強調需要一個新的人格模式，因為救贖是個人的（至少在這種保守的福音傳統中），一個人必須由衷地接受它。一個烏拉敏男人說：「我妻子無法把她一部分的信仰剝下來給我。」[21]個人主義成為至高無上的價值。這種價值觀適用於生活的許多面向，當地的教堂也蓬勃發展。但羅賓斯也觀察到，這與前基督教時代對社會性的理解不一致，在過去「個人」毫無意義。

幾位傑出的美拉尼西亞研究人類學家討論過，這裡的傳統中的最高價值並非個人主義或整體主義，而是「關係主義」。他們的意思是，美拉尼西亞人最重要的價值建立在與他人的關係上，他們之間的關係造就了美好的生活——不是新罕布夏州那種個人，或是在喀拉拉邦那樣作為宇宙整體的一部分。

關係主義和其他價值一樣，也有它的挑戰。一個人建立的關係越多，越會危及現有的關係，因為關係需要經營和關注才能有意義。但種田或交換活動能形成的新關係就這麼多，不至於會讓舊關係感到被忽略。對烏拉敏人而言，這些挑戰可被理解為「故意」行為（想要創造新關係的欲望）和「合法」行為（認知現有關係需要定期維護經營）之間的緊張關係。所以故意性和合法性成為嵌在關係主義最高價值之下的價值。

基督教並未給故意性留下空間，而且也需要新的合法性。村莊事務中的故意行為經常會導致緊張、憤怒和嫉妒——這些都被認為是違反基督教的。所以舊有體系下原本可接受的生活事實，現在無條件地變成了罪惡，並因此帶來痛苦。

儘管生活的某些方面可以交給基督教價值觀，但涉及親屬、婚姻、食物生產和村莊間聯繫等面向時，就不那麼容易做到了，這讓烏拉敏的局勢變得複雜。在這些重要領域中，關係主義仍占據主導地位，烏拉敏人必須接受羅賓斯所說的「雙面」文化。

羅賓斯對價值的研究引起許多關注，許多人類學家都會以烏拉敏為例進行個案研究或辯論，不只是價值的理論化，還有基督教、文化變遷、道德等更具體的主題。烏拉敏的案例能幫助我們了解到——在羅賓斯更詳細的民族誌描述中，我們甚至幾乎可以感覺到——「價值的競爭」對我們身而為人是多麼重要。世界上並不是每個地方都像烏拉敏社群一樣虔誠或矛盾；比起更大且更多樣的社會，在一個三百九十人的高地社群中更容易激發這種緊張感。類似這種的狀況也不一定都能說是「雙面」文化。但在巴布亞紐幾內亞這個遙遠角落所發生的事，其實並不罕見或獨特。

價值觀強調了人類作為意義創造動物的重要性，它們不只對我們如何過生活很重要，對我們如何衡量生活品質也很重要。價值觀有其功能性；我們從來不能完全確認或預測某些價值觀是否更適合某種社會組織。像《唐頓莊園》那樣的莊園永遠不能在個人主義的風氣下生存，所以它消亡了，所以它成為熱門的電視劇。我們在了解人的價值觀時，也在更廣泛地了解他們生活的結構和脈絡：他們的政治體系、宗教感知、家庭和社會關係、經濟網絡等等。然而價值觀不能被簡化為社會功利或「功能」。正如烏拉敏案例所顯示的，有時候人們即使感受到道德上的痛苦，還是會堅持某些價值觀。意義不只會用一個標準來衡量，平順、平淡無奇的生活或許也不是最重要的。事實上，人們的生活方式常常不會選擇阻力最小的道路。到下個主題，我們將好好探索這一點。

第四章 價值

一九八三年，賴索托的馬沙村莊（Mashai）有百分之四十的牲口都死掉了。這個區域遭受了嚴重的乾旱，牲口只能挨餓，政府已經為這次危機發出預先警告，人民也都了解這次危機——畜牧一直是巴蘇托人（Basotho）的重要生計。一名當地官員勸說村民趁早賣掉牲畜，至少他們可以拿回一些資產，但在六到七月，也就是乾旱最嚴重的月分，賴索托的牲畜買賣市場反而不景氣，人們拒絕減少他們的損失，有個人告訴人類學家詹姆士．佛格森（James Ferguson），這是因為牲口是「最重要的事」。[1]

佛格森於乾旱時期在馬沙村莊進行田野工作。在理解之後，他將這個說法稱為「牛的奧祕」。這並非毫無異議地接受牛是神聖不可接觸的事物。是的，牛很特別，但牠的神祕性在於牛本身會影響社會和家戶關係。牛之所以珍貴的理由有很多，尤其是對男人而言。首先，因為村莊裡大多數一定年紀的男人會移居到南非的礦坑工作，養牛是提醒他們在家中的權力。第二，牛是創造並維持社會關係的核心。最重要的理由或許是在巴蘇托人的「聘禮」習俗中，牛是至關重要的，男方家庭會在婚禮時送女方家庭牛隻。較普遍的理由則是，擁有牛的男人可以將牛借給社群中的其他人，人們也期待他們這麼做，這種庇護－侍從的關係體系在非洲許多地方都很常見。第三，一旦男人自礦坑的工作中回來，這種社會鑲嵌制度就更加重要。對他來說，牛是最重要的退休金。最後，與此相關的是，親屬和家戶的規則規定，牛是整體家戶財產的一部分，男人擁有其使用和命運的最終決定權。佛格森說，如果一個男人帶著錢回家，家裡除了妻子外，還有許多人都能跟他要錢。如果換成了牛，情況就不一樣了。

佛格森在分析中提出許多觀點，一個重要的結論是，這種奧祕顯然是基於性別的；它滿足了男人的利益。一般說來，佛格森想消除認為非洲農民不理性且不經濟的想法。問題不在於村民是否需要學習發展的基礎知識，像是乾旱時會發生什麼情況，或是供需法則的問題。他們的做法已經是有邏輯的。佛格森也想釐清，這種「奧祕」不是某種古老、傳統、神聖且毫無疑問的習俗。很顯然地，它是巴蘇托人所處廣大世界的一部分——一個圍繞著全球貿易商品構成的「現代」僱傭勞動經濟世界。

牛的奧祕也讓我們了解價值之間的緊密聯繫，就像上一章所討論的那樣，而在此則是以更經濟的意義來檢視價值觀。在賴索托，事物的核心是一個總是吸引著人類學家的問題：交換。為了解人類學對價值的觀點，交換的主題是個很好的起點。

「牛的奧祕」讓人想起披頭四樂團〈愛情無價〉（Can't Buy Me Love）這首歌中的情感（如果比起牛隻，你比較熟悉搖滾樂的話）。有些東西，也就是最重要的東西，不能簡化為可買賣的商品。愛不像一罐豆子，在世界的許多地方，牛也不是如此。這就是不同的「價值觀」（愛、信任、聲望、安全）當幫助理解「價值」的地方。

披頭四的歌曲中，或是巴蘇托人的不願販售的東西中所隱含的事實，又在當代世界的反向潮流中被強化。最簡單來說，就是萬物皆有價格；最憤世嫉俗的方式來說，則是萬物無法避免被商品化。我們或許還沒有將愛情貨幣化，但我們已經讓教育走上這條路，像是在西方大學生被稱為「顧客」並賦予相應的道德重量。（這有部分可能是因為向他們收取許多錢。）大學行政部門的文件上經常能見到這個術語，讓教授們怒火沖天。在教室裡學習莎士比亞可不像在地方經銷商那裡買車——從任何角度來看都不像！

長久以來，人類學家總是對「特殊事物」感興趣——無論是牛、愛、學生研究哈姆雷特的論文，或是你祖母在一九二三年買的銀別針。特別的事物讓我們能測試掌管重要行為的規則，例如交換，以及用它建立的社會關係。以賴索托的牛為例，一個人若以牲畜換錢，就會破壞社會關係的結構。如佛格森所說，牛所提供的社會財富（出借牛隻，或是用牠們締結婚姻關係，使家族間形成同盟）比買賣的經濟財富更加珍貴——即使社會財富可能會因乾旱而毀壞。

牛的奧祕是這些規則的一種測試——人們沒有做外來觀察者認為他們必須做的事情。你在乾旱時為何不賣牛好減少損失？這似乎不理性。但在人類學的歷史中，常常是光譜另一端的情況引起興趣和爭論：當人們去做外來觀察者認為他們不應該做的事情時——或至少做這些事情似乎沒有什麼「真正的目的」，沒有「實用價值」或看來「浪費」。

的確，全世界有許多人會做出顯然違背經濟常識邏輯的事。賴索托政府在一九八三年對馬沙村民的建議即是建立在這種常識邏輯之上。物理學領域尋求的或許是阻力最低的方法，但在文化範疇中卻非如此。這種看似與預期相反的行為從誇富宴（太平洋西北沿岸的美洲原住民文化中的常見行為，世系群會由此送出或燒毀所有財產），到（回到愛情主題）現代英國婚禮的平均花費。根據一個大眾雜誌的報導，在二〇一三年這項花費為三萬一百一十一英鎊[2]，同年的薪資中位數只有兩萬七千英鎊。[3]

庫拉

看似過於繁瑣的最著名案例之一，是馬凌諾斯基在初步蘭群島的研究焦點，也就是紅貝殼項鍊和白貝殼臂鐲在島嶼間綿延了幾百英里的交換，一直到巴布亞紐幾內亞東邊的盡頭，這在文獻中稱為「庫拉圈」。

馬凌諾斯基將庫拉稱為「貿易體系」，然而它的主要目的卻是交換沒有實際用途的物品。[4]項鍊（*soulava*）和臂鐲（*mwali*）以相反方向在庫拉圈裡流動，前者順時針，後者逆時針。正如馬凌諾斯基所說，這些東西不只「不實用」，也沒什麼裝飾功能，從未有人真正配戴它們；事實上，許多臂鐲太小了，就連小孩都戴不了。因此，從表面上看，它們似乎真的完全沒有用。但對參與庫拉的人而言——初步蘭島民、多布島民（Dobuan）、西納肯塔村民（Sinaketan）等——他們都非常重視此事。所以男人展開漫長又危險的海上航行，好把這些珠寶交換給其他人。乍看之下，這似乎有點奇妙，因為最搶手的項鍊和臂鐲有著獨特的歷史和關聯——甚至是名字——因此每一樣都是「重要情感連結的不朽載體」。[5]那麼你為什麼要把這麼珍貴的東西送走呢？（保留的時間大多不會超過一至兩年。）

庫拉的交換還更錯綜複雜。項鍊和臂鐲相互之間的實際交換包含在儀式和禮節中，其中有些規則像是它們絕對不能同時交換——因此，從某種意義上說，從來就不是交換，而是給予。給予的重要性表現在接收者（也是已經給予的人）不會公開質疑他得到的回報是否相等。而且，交易者永遠是「他」，只有男人會參加庫拉交換。

不難理解為何有些具「情感價值」的物品，卻沒有其他方面的價值。我們可以輕鬆地說出許多有情感價值，但沒有「使用價值」或「交換價值」的物品。例如，祖母戴著銀胸針的泛黃照片。這不是值錢的東西，但你可能認為它是無價之寶，因為，它有「意義」。然而，庫拉圈的精心設計確實讓價值的問題清晰起來，因為它顯然與社會性的整體動態有關。

馬凌諾斯基對庫拉提出看似矛盾的結論，與社會關係的本質有關。一方面，他很清楚地說明庫拉交換是「為了自身而進行，為了滿足擁有事物的深切渴望」。[6]另一方面，他提出一種神祕的說法，「擁有即是給予」。[7]同樣地，他最初強調庫拉珍寶缺乏實際用途的說明與他的結論相悖，也就是交換的循環為不同島嶼和不同社群間的男人建立了重要的社會紐帶，項鍊和臂鐲也樹立了主人的聲譽。好了，那麼庫拉的臂鐲不像獨木舟或斧頭那樣實用，但社會紐帶和知名度可是能派得上用場的東西。

馬凌諾斯基對庫拉價值的處理引起一連串對社會關係本質的辯論，至今仍吸引許多人類學家的關注。問題的核心是：人們為什麼要交換？真的只是「為了交換」而交換，或是期望能獲得什麼回報？另一種說法是：人們是否真的能做到無私利他，或是他們所做的一切只出於某種自身利益？

禮物和免費的禮物

這種問題在「市場」至上的當代世界尤其重要。這是為何披頭四和其他歌手的情歌會如此普遍和流行的原因。但比起披頭四，經濟學家米爾頓．傅利曼（Milton Friedman）提出最好的說法：「天下沒有白吃的午餐。」傅利曼的自由市場原則以強力追求自身利益為基礎，更廣泛地了解交換的概念。對傅利曼來說，午餐都要收錢不成問題，是自利讓這個世界運轉，這沒什麼可恥的。我給你三明治——甚至是龍蝦沙拉——但你得幫我打掃花園、搬家，或是告訴我兒子怎麼在廣告業找工作（例如在你合夥的公司中）。但是，那為什麼這是壞事呢？我們不能誠實地認識到這就是社會生活的基本原則嗎？像傅利曼這樣的自由市場論者來說，自利與利他的問題解答，即是它們其實是同一件事。

在西方經濟思想的傳統中，這種對自我利益的強調長久占領主導地位，它是早期現代社會契約理論的基礎，也經常用來延伸詮釋無窮欲望（想要性、錢、權力、寶可夢卡等）的人性理論。導言裡馬歇爾・薩林斯對「原初豐裕社會」的說法正好適用於此，他對澳洲及非洲小型打獵採集社會的分析，與馬凌諾斯基對初步蘭島民「強烈占有欲」應理解為文化論述的想法，在本質上是相同的。正如薩林斯在其他地方所說的，這種思路屬於「將個人需求及貪婪變成社交性的基礎的反覆嘗試」。[8]但問題又來了：這是誰的文化論述？只是馬凌諾斯基的？或是與初步蘭島民共享的論述？

馬凌諾斯基發表庫拉研究的後三年，法國人類學家莫斯發表了長篇論文《禮物》，內容處理的也是這種問題。莫斯利用包括馬凌諾斯基在內的多篇民族誌研究，歸結出這個問題的構想——自利和利他的相對性——本身就是錯誤的。人們並不是真正在「計算」（或拒絕計算）交換的過程和他們創造的社會關係。理解這項事實最好的方式便是轉向莫斯所說看似奇異且不切實際的「禮物經濟」，遍布在美拉尼西亞、玻里尼西亞和西北太平洋地區的美洲原住民文化。

許多人類學家認為在理解互惠和交換議題中，《禮物》厥功甚偉。有數十本書籍和文章都致力於探討莫斯的論點，其部分原因就是連最欣賞他的讀者也會承認的，因為它並不總是清晰。此外，也有許多人著墨於其研究核心的原住民詞彙的意義，特別是毛利語中的「豪」（*hau*），這個字經常被翻譯為「禮物的精神」，並已發展出自己的生命。（稍後將回來討論這一點。）

《禮物》一書的核心是無論在哪裡，沒有禮物是免費的。我們期待回報——事實上，回報是義務。乍聽之下好像沒錯。在我們自己的生活中，我們都心照不宣地期待互惠，有多少讀者會因為沒有為很少見面的表親（因為她住在夏威夷，而你住在比利時）或她的小孩準備禮物而感到尷尬？你尷尬的理由或許結合了下列幾項：一、這顯示了（或你擔心它顯示）你真的不在乎她或她的孩子；二、這顯示了（或你擔心它顯示）你也不在乎你舅舅（表親的爸爸），甚至延伸到不在乎母親；或是三、這顯示了你的狀況不佳，因為你沒辦法買禮物給他們。（還有一種相反的尷尬情況是，你的禮物太貴或太私人。例如在公司中，禮物的價值最好不要超過老闆的。）*

* 在允許的互惠中，社會階序扮演重要的角色。舉例來說，我經常在開會時請我的博士生喝咖啡，有時候還有蛋糕，我從未期待他們會回請，因為我有賺錢，而且我是他們的導師。（這不是說我是在乎階序的導師，但事情就該是這樣。）很久以前，我的導師也請我喝咖啡，所以這就像是一種互惠。大衛・格雷伯（David Graeber，文後會提到）會說這是相對「開放」的互惠形式，這表示禮物並未在一定時間內回到送禮人身上，或是根本沒有回報，但它傳到社群裡的另一個人手上——在這個案例中，即是人類學社群。

同時，如果我們是付出卻沒有得到回報的人，我們會很快地說：「喔，別在意！別傻了，那只是個小東西。」我們努力想讓自己的表親不再感到尷尬。我們甚至可能是真誠的，至少我們會堅持盡可能地真誠：我們可以付出，但不期待或不希望有回報。

需要說明的是，莫斯並非單從這些意義上思考「禮物」，也不是耶誕節、光明節、生日、婚禮上會收到什麼禮物。這些最常見的禮物只是全貌的一部分：送出的東西代表特定人際關係。同樣的觀點也能用來解釋庫拉圈。莫斯認為馬凌諾斯基將之視為一種特殊的禮物交換形式，因為從西方觀點看來，禮物和商品之間有很大的區別。（說好的土著觀點呢？）

但對莫斯來說，沒有免費禮物這種看似不浪漫的冷酷結論，與現代西方努力想要將某種與他人的交換或關係封鎖起來更有關聯。再次強調，愛情無價。但莫斯學派可能會反駁說：**愛情當然無價，但山藥也無價啊**。如果我們觀察初步蘭島民、毛利人和瓜求圖人的例子，我們會發現截然不同的起始點。兩種交換（愛情和山藥，如果以初步蘭群島來對照）都有個人和非個人、自由和受約束、有趣和不有趣的元素。莫斯想從禮物的類別中重建的，是基於對紐帶聯繫的識別的經濟社會模型。他認為，交換的核心應該永遠都是連帶關係，是人與人之間的聯繫。

應該永遠都是，是我自己的說法，但它說出莫斯意圖的核心。他比大多數人類學家都致力於從研究中生產這種道德結論。莫斯是個社會主義者，並且啟發了其他有強烈政治信念的人類學家——不只是其他社會主義者，還有無政府主義者，虔誠的天主教徒，甚至是一、兩個沉迷賭場的賭徒。

最重要的是，莫斯對毛利語「豪」的分析證實了連帶和連結的觀點。正如上面提到的，「豪」代表「禮物的精神」或「事物的精神」。這對莫斯很重要，因為它捕捉到毛利人如何理解任何給出的物品之中包含著給予者的一部分。「因此，向某人饋贈某物就是饋贈自己的一部分。」[9]莫斯說，這便是我們認為必須互惠的原因，但他表達的方式聽來似乎有點奇怪：禮物渴望能回到給予者，即禮物的擁有者手中。莫斯認為我們在庫拉圈也能看到相似的邏輯。你還記得，庫拉珍寶與其擁有者的關係緊密，也被視為有自己的傳記，就是這些傳記標誌出它們的情感價值。

但是，如果你停下來想一想，它無法完全脫離西方認為人與物有其連結的歷史。我們生活中的特殊事物——無論是牛、祖母的銀別針，或是手工編織的圍巾——都包含我們的一部分。這就是我們拒絕販賣它們的很大原因，也因此我們不會用處理買來的麵包那樣的方式對待這些東西。當然，麵包製造者，尤其是手工少量生產的師傅，可能也會覺得他有一部分在這麵包之中。不過，在這種情況下，我們會為這種麵包付出高昂的代價，因為在本質上，我們買的是某人的技能。事實上，這便是高檔品牌和商品的意義。從原則上講，這和莫斯對毛利語「豪」的說法並沒有多大區別。*

儘管莫斯並未用這些詞彙來描述，他的原則和馬克思對勞動異化的研究有關。馬克思在觀察工業革命時，提出工廠裡的工人在本質上放棄了個人與生產物品間的連結。工廠主人說：「是你為我製作這個東西。所有權在我這裡，而我要賣了它。作為回報，我會給你六便士。」這就是異化的基礎，而其前提是，當我們將勞動的成果貨幣化時，我們作為自己的某種價值就由此消失了。

實際上，《禮物》公開批評了莫斯眼中現代資本主義體系及其法律體系基礎的「冷血」和「殘酷」。莫斯透過這些體系，追溯人和物是如何分離開來的。他直截了當提出道德結論，不認為沒有希望了。「幸運的是，事物還沒完全被分類為買與賣。物品仍存在情感以及唯利是圖的價值，假如只有這類價值存在的話。」[10]唯利是圖是很強烈的字眼，它和道德敗壞有直接相關，它也能表示「可以購買」的東西。由此，金錢便進入了價值的討論。

錢，錢，錢

人類學一直對錢很有興趣。札魯姆對期貨交易員的研究只是冰山一角。如果我們反思這個學科的歷史，還有自從其十九世紀中期建置以來世界上發生的事件，這種興趣就十分合理了。在這個時代，商業以空前的速度推展，一開始通常是沿著殖民擴張的路線。在許多地方，這意味著要引入原本不存在的貨幣制度。在其他情況下，它代表基於貝殼、珠子或其他貨幣的貿易體系會發生轉變。

以賴索托為例，佛格森在一九八〇年代認識的巴蘇托人的曾曾曾祖父母可能活在一個沒有金錢的世界，一個沒有南非礦業工作的世界，沒有賣肥皂、沙丁魚罐頭和可口可樂的商店的世界。工作和沙丁魚是「現代世界市場」的一部分，而正是錢讓市場才可能存在。錢作為文化變遷的重要催化劑，自然會成為人類學的焦點。

關於金錢，人類學最常見的觀察點在於它能如何徹底地改變社會關係。我們再以佛格森的

---

* 品牌「精神」出現在人類學家威廉．馬札瑞拉（William Mazzarella，二〇〇三）對孟買的廣告商研究中。他寫了篇能激發思考的長篇討論，內容關於「豪」要如何用來說明現代品牌的吸引力。好的品牌會模糊主體和客體的界線。你喜歡亞曼尼（Armani）還是巴寶莉（Burberry）？

研究為例，看看牛的奧祕與移民勞工行為的關係，以及它與夫妻對家戶現金的談判又有什麼關係。在許多情況下，金錢是交換和交易的非個人化媒介。我們或許可以說，它缺乏精神，**沒有「豪」**。

金錢顯然非常有用。它可以讓無數個交易行為快速又有效率。你買麵包時，不會想參加冗長的儀式，也不必放棄一部分的自己。（我們已經討論過麵包匠放棄了什麼，但這裡討論的是更大的價值等式。）此外，你可以使用同樣五英鎊的紙鈔購買麵包、雷根糖、阿斯匹靈、十三安培保險絲、草種子或一張公車票（當然，最好能找零錢！）。在你愉快使用五英鎊紙鈔時，你最不想知道的是在你之前擁有這張紙鈔的四十七個人拿它做了什麼。* 這張紙鈔和那些人無關。這正是為何購買非法物品，或「暗盤交易」時，喜歡使用現金。非個人且匿名的交易方式對此非常有幫助。不會有人拿信用卡買古柯鹼。如果有人想騙過稅務機關，他也不會留下銀行帳單，或在收據上留下書面紀錄。

金錢的其他特徵也很重要，像是它如何構成交換和社會關係。當然，它能表示金額。英格蘭銀行不會只在流通的紙鈔上寫著：「這是有價值的。」面額是普世適用的，它可以用來標示一支扳手（二點五英鎊）或一台賓士車（四萬三千英鎊）的價值——當然是以貨幣的詞彙。這種表示金額的能力使一切都可以衡量，至少理論上可以。所以如果你有一萬七千二百支扳手，就等同於一台賓士車。你可以明白它在理論上為何相同；但那只是一個「理論上」的觀點，讓我們了解金錢如何有助於建構價值體系。

從表面上看，這些金錢的特徵（非個人性及普同性）似乎會造成災難，至少當它涉及任何文化的存亡時是如此。的確，許多有關金錢的困境就是這樣——我們可以說是巴蘇托的狀況。這種特殊的交換媒介及價值單位，因為把萬事萬物標了價，而抹除了生活方式的獨特性。

儘管大多數有關金錢的人類學研究都是在特殊脈絡內進行，也有重要的研究是在探索其象徵價值及文化關聯性。基思・哈特（Keith Hart）為此發表過幾篇研究，例如在一篇經典的文章中，他用常見的硬幣當作實例。[11]他說，如果你看看口袋裡的硬幣，你會看到它有正反兩面。我們都知道這一點，正面通常是人頭，在英國及大部分大英國協的地方，正面都是國王頭像；在美國則是總統（一元硬幣還有民權運動領袖蘇珊・安東尼〔Susan B. Anthony〕或原住民

* 我還是個青少年時，曾流行一個都市傳說，有百分之五十的二十元紙鈔（或是更多，我不記得了，這不重要）被用來吸食古柯鹼。糟透了。現在至少有一個著名的經濟學家（Rogoff，二〇一六）想完全停止紙鈔使用，因為會被不良分子做不當使用。在二〇一六年，印度政府做了這類宣告，隔天，最大面額的盧比紙鈔失效了，人們必須在限制時間內兌換紙鈔，造成極大的混亂。

翻譯及嚮導薩卡加維亞〔Sacagawea〕）。這是價值的象徵，也標示權威的來源：它是發行國家的標誌，也因此是最初「流通」的社會場域。硬幣反面則標示出面額：五便士、十便士；五分錢、十分錢等等。哈特認為在當代世界，硬幣正面的重要性越來越低，人們很容易忘記事物的社會關係，忘記這種交換媒介在某些重要方面與人格及共同體有關的事實。

硬幣反面擁有的力量之大讓人驚訝，至少占據了我們大部分的注意力。誰在乎正面是哪個君王？你想知道的是它是五、十、二十或五十。至於英格蘭銀行發行的紙鈔上，具象徵意義的人像就更不重要了。所有紙鈔上都有君王——大家都知道。*但紙鈔上也有其他人：例如亞當·斯密和達爾文，但他們很難被人注意，人們只會看大數字：五、十、二十。不過，象徵意義上，這些人不只代表國家的偉大，也代表只有在我們信任英格蘭銀行理論上會承諾支付持鈔者時，紙鈔和硬幣才有價值的事實。正如哈特和其他人類學家指出的，金錢代表人類的信任關係。

我們已經看到其他現代商品交易形式如何試著消除個人；就芝加哥和倫敦的期貨交易而言，正如札魯姆所說，這實際上是讓交換「離開交易場」放到電腦上。這種關係從人與人轉移到人與物（電腦），最終再到金融世界裡一系列的演算法。的確，有些投資者現在利用「演算法交易」做決策。一些散戶在家編寫自己的演算法，由電腦決定何時買賣。這種行為就像舊時

「生意無關個人」的邏輯延伸——商業想成功，你必須擁有莫斯所描述的那種冷漠和冷靜的性格。

哈特用更有趣的方法探索了這一點，討論這種陳腔濫調如何為許多電影增加戲劇性。他找出好萊塢和寶萊塢的黑幫電影片段，指出了他所謂的「殺手的困境」。[12]我們都知道這種場景。殺手面對他的受害者，手裡拿著槍，在開槍前，他說，**我不是針對你，這只是筆生意！**

砰！砰！砰！

他為什麼會這麼說？好吧，因為他有良知，他將要結束某個人的生命。他會這麼說，是因為他身處的文化決定了個人與非個人之間必須有分隔：「那麼，從某個層面上說，問題在於我們賦予生活和思想相對的優先性。因為殺手和受害者的遭逢是鮮活的，也因此原本就是個人的。殺手必須警告他的受害者（或許還有他自己）不要這麼想。實際上，個人和非個人很難區別。我們的語言和文化一直以來都在企圖將社會生活分隔為這兩個不同領域。」[13]金錢推動了這種分隔問題，對擁有它和未擁有它的人而言都是如此。在此，我們要進入另一個重要的研究領域。

---

* 紙鈔從二十世紀中期才開始印上君王，但刻有君王的硬幣流通已久，在古希臘羅馬就曾發現這種硬幣。

債

我在辛巴威做田野時，年輕人和他們的父母經常擔心「聘禮」（*lobola*）的花費。我在奇維什（Chiweshe）的朋友菲利普二十幾歲還沒結婚，這被認為是件壞事（在更早一代這是聞所未聞的）。但他的家人根本沒有資源支付聘禮。

這種擔憂或許早已存在，但在一九九〇年代，因為家庭對聘禮多寡的期待改變，這種擔憂變得越來越嚴重。報紙上偶爾會報導某些父母陷入的困境：牲畜不再有用，人們期待現金、手機，有時候甚至是汽車。

儘管大多數人堅持「傳統」遠未消亡，而且那些故事一定是誇大其詞，但這種情況可能導致許多煩惱和抱怨。無論如何，有些辛巴威人因婚姻市場的發展而陷於窘境。有個好朋友向我解釋，聘禮絕不會全額支付。家庭可能會設定一個價格，但他們不會期待，也不會希望，真的付好付滿。若真的全額付清了，反而會被視為敵意或不屑的表現。你為什麼要切斷紐帶？那是切斷了社會關係。在非洲撒哈拉以南地區，這種行為有個常見的特質：債務可能具有正面的社會價值。

不過，現在我們在非洲南部許多地方都能看到各種對「牛的奧祕」的挑戰。因為商品文化和生活貨幣化的興起，牲畜的特殊價值黯然失色。研究祖魯的人類學家克里絲汀．耶斯克（Christine Jeske）解釋汽車開始變得越來越神祕，她認識的年輕男女都把汽車視為成功的象徵，而不是裝滿牛的牛圈。[14]這是不同的成功，不是基於牲畜創造的共同紐帶，而是個人化的、分子化的成功，更能抵抗家庭和鄰居的要求。正如一個年輕人告訴她的：「喔，老天！喔！汽車就是一切啊！一切，一切，一切，一切！」[15]

最近的觀察已經和佛格森一九八三年的發現相去甚遠，但和耶斯克的研究卻沒多大差別。然而，和許多辛巴威人告訴我的一樣，耶斯克也提到牛在某些領域的彈性；她說汽車在婚姻等重大人生階段並不是很重要，即使某些瘋狂愛車人士也不會認為這種商品適合拿來當聘禮。「汽車是和現金有關的商品，而不是社會過程，或是受社群及家庭認可的產品。」[16]然而，我們還是可以看到夸祖魯—納塔爾省（KwaZulu-Natal，耶斯克研究的南非省分）結婚率大幅下降：自一九七〇年以來，下降了百分之二十。[17]這在很大程度上是因為市場經濟重新塑造了傳統習俗（即使已經非常現代）。

種族隔離政權的垮台本應為南非人帶來新的經濟機會。例如，黑人中產階級的興起就具有指標性意義。然而現實的狀況卻發人深省，因為沒有這種重要階級的出現。而那些爬上成功階梯的人也付出了一定的代價。他們經常向銀行和小額貸款人借錢而債台高築。聘禮也參與在這些動態之中。

迪博拉・詹姆士（Deborah James）以更廣闊的視野觀看南非目前的經濟和社會環境，並記錄了南非黑人渴望成功所發生的重大轉變。[18]就聘禮和更廣泛的婚姻議題而言——嚴峻的經濟情況，以及禮物經濟和庇護—侍從關係的式微，都讓中產階級的專業人員及追求者對是否要「逐步」提高社會地位抱持矛盾心態。家庭仍經常堅持收受聘禮作為婚禮的一部分，導致年輕人得貸款才能購買聘禮。這種行為進一步混淆了商品文化和習俗，讓認為這種「傳統習俗」在現代化、全球化世界中有一席之地的想法難以持續下去。牲畜的「好」債務已經被金錢的「壞」債務取代。而且不只年輕男性擔心這個狀況；詹姆士指出，在她的研究中有位年輕女性，因為不想和背負銀行債務的丈夫進入家庭生活而逃離婚姻。「那麼，現代（聘禮）展現的樣貌，就是重重的財務限制，以及這種限制想要確認的長期道德關係。」[19]

好壞債務的概念在人類學對價值的研究中很重要，像詹姆士和耶斯克一樣，有數十篇研究追蹤不同的價值體系——例如經濟體系和文化體系——發生衝突並重新配置的方式。這些過程出現在全世界，從南非到蒙古都有，它們是馬凌諾斯基和莫斯想解決的議題，不過是現代的版本。

對人類學最重要的價值思想家大衛・格雷伯（David Graeber）而言，債務在詮釋經濟事務和道德生活上非常有用。正如我們看到的，在莫斯的傳統中，對他而言所有市場都是道德的——而在某種意義上，所有道德也都市場化了——格雷伯的生涯大多在探索這一點。他身為一名田野工作者，首先研究了馬達加斯加的政治和權力，探索某個高地村莊的生活，其中有些人是貴族出身，其他人則是奴隸。[20]最值得注意的是，幾十年後（在格雷伯到達之前），過去的奴隸奪取了大部分的土地，同時也宣稱他們得到超自然力量的來源。雖然不是明確地以債務為框架來探索，這個早期的民族誌研究預示了格雷伯後來對債務、價值、道德和權威的關懷。

這些關注在二〇一一年匯集成冊：《債的歷史》（*Debt: The First 5,000 Years*），一本人類學幾十年來最接近一般暢銷書的著作。《債的歷史》不是民族誌，但它利用了民族誌紀錄，還混合了歷史、經濟及個人的反省，範圍從西敏市夏季派對上的閒聊，到馬達加斯加市集購買毛衣的詳細過程——探索並挑戰了一些關於交換和經濟關係本質的迷思。[21]格雷伯的重點強調了我們在本章中探討的內容：從互惠的角度思考每次交換，會讓我們自己對人類社會關係的看法變得貧乏無力。

認為互惠行為是完整且能被完成的想法正是如此。如我們已經討論過的，今日用金錢買麵包的好處是，我們不需要知道收銀員明天是否快樂健康。但在許多情況中，這種完整、完成的交換既沒有必要也沒被渴望。換句話說，交換的種類有很多，但我們想要的是債務——也就是說，我們想要建立或促進一種社會關係和社會連結。正如格雷伯所言，這表示「交換」無法正確說明正在發生的事，因為我們傾向認為交換是「完全等價」的——事物能相互抵銷。[22]而這解釋了為什麼聘禮「債務」從未被完全償付，也說明為什麼經常是用牲口來交易，而不是現金；現金在計算上過於明確，它太精準，且太沒有人情味。這也是為什麼庫拉圈的交換會如此運動——物品總是在流動，其個別價值從未被公開質疑；其交換的時機也都會錯開，即使只是象徵性的幾分鐘。這也是我們要持續高喊「愛情無價」的原因！

第五章
血液

在我們思考的所有概念中，血液有些不同，這是你唯一真正擁有的。相較於「血液」，文化、權威，或是理性在哪裡？還有，「豪」到底在哪裡？

血的真實性對人類學研究而言既有幫助又沒幫助。一方面來說，它提供一套共同的標準，甚至或許是普世標準，永遠提醒我們人類的構成；另一方面，這些共同性會在了解人類的組成和關係性的文化面向時，誘使我們太過自滿。血的真實性也會讓我們在定義彼此的連結時太過自信。

一八七一年，路易斯・亨利・摩根出版了《人類家族的血親和姻親系統》（*Systems of Consanguinity and Affinity of the Human Family*）。這是本有關親屬的基礎研究，其成就至今仍受到讚賞。沒錯，摩根用社會進化論觀點敘述他的發現，我們已經討論過社會進化論的科學和道德限制。但他對親屬詞彙的詳盡研究，尤其是對美洲原住民，成為理解親屬這個思想體系時的範本。摩根的資料也極具深度和廣度：他真的為這領域的研究奠定了基礎。

摩根的另一個研究重點是「血緣和婚姻系統」。基本上，就是血親和姻親。血在他的親屬研究中占首要地位，這本書全文都在探討血的字面意義和象徵意義，其中最著名的是他將家族稱為「血緣群體」。[1]

正是這種強調激起了一位摩根最嚴厲的批評者的興趣和不滿。在一九六〇年代，大衛・施奈德（David Schneider）出版了一本小書，名為《美國親屬：一個文化表述》（*American Kinship: A Cultural Account*），主旨在證明摩根論點的錯誤。[2]雖然已經半個世紀了，施奈德強調的許多觀點在今日仍同樣重要——不只在美國，只要在更廣泛的「現代性」框架內，以生物學和自然建立親屬概念的任何地方，這些觀點也很重要。施奈德說，美國人認為「血緣關係」是基本且持久的：包括祖父母、姑姨叔伯和表親等。*美國人也強調血和基因。在解釋特定行為或人格特徵時，他們會說「這在我的血液裡」。雖然這是一種隱喻，但還是經常帶有字面意義的力量。這個比喻已經真實到不需要跳躍式的理解就能懂。在這種表述下的美國親屬關係不限於血親，像在大多數地方一樣，他們也透過婚姻形成親屬關係。但婚姻的連結是主觀且可解除的。血親關係則非如此，而且它更廣泛地定義了權責範圍。我們談到「繼兄弟」（stepbrother）時，說的是沒有血緣關係的手足聯繫。我們說到「同父異母或同母異父姊妹」

（half-sister）時，表達的是手足只共有一個父親或母親，也就是只有「一半血液」的手足關係。血緣是認同的終極形式，其他的關係都依此分類。施奈德甚至一度表示，血緣關係在美國文化中呈現出「近乎神祕」的一面。[3]

在施奈德的分析中，這套文化體系最值得注意的一面是生物及社會關係的階序性。生物學上——血——永遠是真實的，在此之上其他的關係才能建構起來，如繼兄弟姊妹和姻親，更不用說乾爸媽，或親兄弟。** 在這個美國體系中，或如我之前所說的，可以更普遍地稱之為現代觀點，親屬和生物學在此交會起來。親屬其實是基於生物學和生育的事實，生物學總是設定了親屬體系的詞語。對施奈德來說，這便是摩根的人類學和美國民俗結合之處。

今日，這個自然至上的故事有了新注腳，甚至新的章節。畢竟，現代意味著享受先進的科

---

* 在專業戶籍名冊中，這些稱謂會被認為是完全沒有用的：它們同時太多意思、是文化特有的，且在構成上極其模糊。親屬研究有套近似專業術語的詞彙，以「自我」為中心，周圍是「母親」、「父親」、「姊妹」和「兄弟」，但沒有「舅舅」或「姑姨」，甚至沒有「祖母」，因為這些必須被指定為「母親的兄弟」或「母親的母親」或「母親的母親的母親」等。當然，這些術語都是基於最小單位的理解，可以組合出一系列的可能性。它們就像質數，只能被自己整除。此外，親屬研究經常會使用圖表、符號等說明不同的關係。不是所有人類學家都喜歡如此。馬凌諾斯基就曾抱怨：「我必須坦白承認，在每一篇關於親屬的敘述中，我總是對這種偽科學和關於親屬事實的做作數字感到困惑。」（一九三〇，頁二〇）

** 姻親（in-law）的詞彙在此很重要，它代表我們需要法律體系的力量，才能接近那種能夠由血緣「自然」獲得的關係。

學，像是新的生殖技術。試管受精（卵子受精時不是在子宮內，而是在試管內），還有代孕（女人懷著另一個女人的受精卵），只是其中兩個挑戰生物學極限的方式。還有比「試管嬰兒」更文化的東西嗎？同性婚姻也迫使人們重新思考這種階序安排。這兩個例子都能說明自然與文化之間的區別是如何變化的，親屬制度是得以理解這一事實的風向標。

雖然施奈德自己沒有提到，但他探索的親屬邏輯和種族邏輯相關。我想等一下再討論這一點，但首先要指出施奈德自己的研究中並沒有種族面向。他在《美國親屬》中沒有處理種族，和他使用「美國人」這個標籤有關。儘管施奈德的分析有很多優點，也顯露出從社會情境、個人人際關係和生活中提煉出「文化表述」（他使用的詞彙）的困難性。施奈德資料的主要來源是對「中產階級白人」的訪談。[4]他接著提到其他資料來源包括非裔美國人、日裔美國人和幾個少數族群，還有來自各種階級背景、各個地區的人。他也清楚自己的觀點側重於非常普遍的符號和意義，但即使在普遍性之下，我們也需要注意差異和資格。

卡蘿・史塔克（Carol B. Stack）的經典研究《我們所有的親人》（*All Our Kin*）就是個很好的例子，內容關於中西部小城市中一個名喚「公寓」的非裔美國人社區。（這份研究和施奈德的研究都是在一九六〇年代進行的。）史塔克的研究顯示出施奈德視之為基礎的血緣連結在「公寓」裡卻沒有這樣的作用：她寫道，基於照顧和支持的實際社會關係所發展的「個人親族」，如何最終勝過那些血緣關係。[5]儘管如此，她也指出公寓裡的家庭知道他們的「俗民」關係體系不被國家承認，這一點倒是支持了施奈德的模型。在某種程度上，這有助於釐清施奈德的模型呈現的是美國親屬關係的標準版本：也或許就是，在許多不同脈絡中事情本來的樣子，但更重要的是，**事情應該要有的樣子**（根據國家、科學專家、道德權威等）。

一滴

在下一章中，我將更深入介紹人類學對理解人性的重要貢獻：被一位生物人類學者稱為「種族迷思」的東西。[6]在日常生活中，種族經常被視為一種科學謬論，沒有「白人種族」，沒有「非洲種族」，沒有「中國種族」什麼的。儘管我們認知這些區別，但其實都是文化上的東西。然而，我們不能安於這種事實，或是仰賴基因來一勞永逸地解決問題。藉由追蹤種族區別在特定時間地點中被自然化的方式，我們可以學到很多東西。

例如，血和種族在文化架構裡經常緊密聯繫在一起。縱觀美國歷史，曾使用血液量定律和「一滴血法則」來定義（即建構）人們的種族身分。一滴血法則更為人所知，也更臭名昭著：如果有「一滴」（即一個祖先）非洲人的「血」，那麼你就是「黑人」。有些美國的州會使用這個原則當作法律基礎，以維護某種種族純潔的概念。以下是維吉尼亞戶籍註冊主管在一九二四年維吉尼亞州《種族純潔法》的序言：

據估計，該州大約有一萬至兩萬名近白人，或許更多，被認為擁有有色人種的混血血統，在某些情況下甚至只有極少的程度。這是真的，但這的確足以阻止他們成為白人……然而，這些人在現實中不是白人，在這項法律的新定義下也不是……他們的小孩也會變成絕對的黑人，即使所有混血的明顯證據都已消失。[7]

一九六七年，美國最高法院宣布《種族純潔法》違憲，但不代表這種想法在美國或其他地方已經消失。在較輕微的版本中，這種想法甚至被賦予一些娛樂價值的效果。在BBC的熱門節目《你認為你是誰？》（*Who Do You Think You Are?*）中，有次倫敦市長兼外交部長鮑里斯·強森（Boris Johnson）追溯他的家譜，可以追到一名土耳其政治家兼記者阿里·凱末爾·貝伊（Ali Kemal Bey），還有幾個歐洲皇室家族。他說：「看著我以為自己有多英國人很有趣，而事實上，我其實完全是個雜種。這真正教給我的是，我們的基因在我們的生命中脈動……」[8]

這節目的意圖和維吉尼亞戶籍註冊主管強調的東西當然不同，然而大體而言的邏輯是相同的。它是基於一個普遍持有的假設，即「血緣關係……是以具體的、生物基因的詞彙來表述」。[9]

維吉尼亞州的《種族純潔法》可能消失在歷史洪流裡，但其他血液量法則仍有案可查。這一開始是殖民定居者建立的，後來成為美國政府的一種工具，以這些法則來決定美國原住民族的資格，而在某些情況下甚至與聯邦政府的補助和主權的承認有關。自二十世紀中期起，許多美國原住民族已將血液量法則列入他們自己的部落憲法裡（經常是因為想得到聯邦政府承認就得接受這個要求）。量的多寡不同，但絕對比「一滴」多：有些案例是八分之一，或是四分之一，但有時候多達一半。

內華達州和加州的華秀部落（Washoe Tribe）就是如此。今日的華秀是個相對較小的群體，人口不足一千五百人，居住在太浩湖（Lake Tahoe）地區及其周圍。他們擁有幾個居住地區和一些山地土地。一九三七年，華秀在同意成員資格至少需要四分之一「華秀血統」的標準之後，才得到印第安事務局給予的聯邦政府認可。今日，你可以從官方網站上下載部落成員的申請表，申請人須列出他們自己的「華秀血統程度」、「其他印第安血統」，以及他們父母及祖父母的血統。[10]

一項對華秀的研究顯示，這種法律是柄雙刃劍。[11] 一方面，它有助於確保取得聯邦政府的資源和認可；另一方面，這種理解關係性的特殊模型與華秀傳統（以及許多其他美國原住民傳統）背道而馳。在傳統中，特定的社會關係和角色比血統更重要。

在這個例子中，身分的數學精準度可以說明問題。施奈德可能會說，它將血液（以及下章會討論的認同）變成一種能提供明確答案的數字（一・〇、〇・五、〇・二五）。因為組合的方式並不重要——可以是「純種」的祖母，或是四個純種的曾祖父母，或是只有一半血統的父母——任何排列組合都可以。但這是要得到官方認可的前提。

如果你仔細思考，這是十分荒謬的。假如你的曾祖父母是「純種」華秀人，那麼再假如他們搬到洛杉磯——華秀移民常去的目的地——在那裡生了孩子，但這些孩子嫁娶了「外人」（或許是第三代愛爾蘭裔美國人，或是拉丁人，甚至是廣東移民後代），然後代代相衍，四處移動（西雅圖、皮斯卡塔威），和各種不同混血美國人結婚，用令人尊敬的英國首相強森的話說，就變成了「雜種」，然後接受汽車技師、律師、爵士歌手等職業的訓練。或許這些人沒有一個知道華秀部落在地圖上的位置——甚至連太浩湖在哪都不知道。然後我們找到了你，你是紐澤西州皮斯卡塔威一名煙囪清潔實習生，愛上一個不錯的猶太男孩，為你家族美國大熔爐的完美故事再添一筆。然而，根據血液量標準，你是華秀人。而在太浩湖，你祖父母的遠房四從姊妹（fourth cousin twice removed）是瑪姬・馬友・詹姆士（Maggie Mayo James），二十世紀初期偉大的華秀籃編織者，美學風格的公認權威，並且能說流利的華秀語，但她卻不是華秀人，因為她的家譜在展開血親關係的路上摻雜太多其他血液——有派尤特人（Paiutes）、米沃克人（Miwoks）和來自猶他州的流蕩摩門教徒。一八六〇年，這種以血液為基礎的制度開始發展時，此類想法都還被認為是荒謬的。甚至有些爭論提出華秀「部落」或「族群」在十九世紀中期前並不存在，至少不是美國政府認為的穩定、有邊界的群體。在過去的日子裡，如果有人學了華秀語，他們就會被認為是華秀人，如果說華秀語的人和米沃克人或邁杜人（Maidu）結婚，後者會被認為是華秀人，因為他們進入了當地的行為和生活方式。簡單來說，血和關係或身分沒有太大關係。

對家庭或親族來說也是如此，而有些更古老的關係性模式甚至更加重要。傳統上，核心家庭不一定強大。華秀是群聚模式，姑姨舅伯經常被認為和父母一樣重要，他們的孩子——你可以說是華秀的「堂表兄弟姊妹」（first cousins）——也很親近，並且在親屬稱謂上和兄弟姊妹一樣。在許多美國原住民的傳統中，收養也很普遍，進一步淡化了血液本身的重要性。[12]

在此可以看到血在對親屬和種族的不同文化理解中如何發揮作用，以及它們如何混雜在一起，或是說流血流在一起。現在我想暫時離開種族的範圍，等下一章節再回來討論。但很清楚地，美國政府實施血液量法則和十九世紀的文化、種族，及文明化概念緊密相關。從這個意義上說，負責制定血液量法則的人完全就像是維多利亞時代的人。

從華秀、維吉尼亞《種族純潔法》，甚至是鮑里斯．強森的例子都可以看到文化意識形態在塑造身分中扮演的角色。事實上，儘管超越了特定的文化闡述，生物人類學的研究中也可以看到即使在這個看似非常真實的層次，種族的確仍然是一個謎，一個分類的錯誤。我想在下一個有關認同的主題再多探討這個問題，但重要的是了解血這個詞彙在創造謎題中扮演的角色。

不過讓我們先回到親戚朋友這個問題。人類學紀錄中有許多例子說明，親屬的生物學事實只扮演次要甚至更不重要的角色。另一個好例子是阿拉斯加原住民伊努皮克人（Iñupiaq）。[13]伊努皮克父母、小孩和手足之間的紐帶不一定牢固，也不會因此產生必要的義務或連結感。自主性是很重要的文化價值，連年輕的小孩都能做出重大決定。在一個案例中，我們聽說一個七歲小男孩決定搬到七十英里外的祖父母家。他在離家路上到學校拿了文件，好讓新學校辦理入學，他母親面不改色地接受這個決定。[14]伊努皮克人甚至連分娩的術語都表現出這一點；不是母親「賦予生命」，而是孩子「取得生命」。孩子被認為是選擇降生於世。收養在伊努皮克也是很常見的，孩子在出生的家庭間搬來搬去，可能因為他們想這麼做（像是想搬去和祖父母同住的七歲男孩），也可能因為一個家庭有很多女孩但沒有男孩，所以去交換。這並不表示其他群體團結的形式不重要。事實上，團結很重要，不只是在家族裡，還有捕鯨隊。但在這文化中，完全可以說：「他以前是我的表親。」[15]

在歐美現代化的軌道外，血並非無關緊要，「生物學」也沒有缺席。我們不只透過殖民主義及全球化的渠道，或者科學的進步，來對血液產生興趣，即使這興趣和我們在布里斯托六年級「性與關係」課程大綱的興趣不同。舉例來說，伊努皮克人可能會提起他們「生物學上」的手足，他們也了解生殖的機制。但如我們所見，他們不認為生物學是親屬關係的決定性或必要因素。剛剛我在描述伊努皮克人時，在幾個情況中使用「家庭」這個詞，但這必須被視為跨文化的簡稱，因為伊努皮克語中沒有直接的對應詞。

因此，重要的是，華秀人和伊努皮克人是在「做」親屬，不只透過婚姻，也透過更基本層次的家庭構成。家庭關係要被展演出來，否則，它們就會消失。當然，在某個層面上，所有家庭關係都是「展演的」。親戚可以被疏遠、忽略、忽視，甚至可以失而復得。著名的小說家伊恩·麥克伊旺（Ian McEwan）直到二〇〇二年，也就是他五十多歲時，才發現他有個被爸媽送去領養的哥哥大衛。有次在訪談中問他，是否覺得對大衛有「兄弟般的聯繫」，麥克伊旺回答：「有，但這有點抽象，因為沒有一起長大。我昨天和他聊天，我們在電話裡聊了很久。」然後，他想了想又說：「這個嘛，我不會和沃陵福的泥瓦匠聊這麼久。」[16]英國人在理解親屬時，血所扮演的文化角色迫使麥克伊旺在回答時停頓了一下。

即使如此，血液並非唯一重要的身體物質，身體本身在字面上和象徵上一直和文化闡述息息相關。因此我強調文化不只是一種概念，而是物質的，會依賴之前提到的蟋蟀，甚至與之緊密聯繫在一起，而血液還有其他構成身體或由此排出的事物就更是如此了：肝臟、心臟、頭髮、指甲、精液，以及或許最重要的母乳。事實上，母乳很特別，值得進一步關注。

母乳親屬關係

不久前，埃及人類學家法德瓦・埃爾・朱因迪（Fadwa El Guindi）在卡達大學的辦公室中，和同事萊拉（Laila）繪製了一份親屬圖。萊拉是卡達原住民，另一名在當地出生的同事阿卜杜勒・卡里姆（Abdal Karim）突然走進辦公室，看到他們在做的事，這時他宣布他不能和萊拉結婚，因為他同時是「她的叔父、母親那邊的表哥，以及兄長」。[17]即使埃爾・朱因迪是這領域的專家，都不得不花點時間思考這個問題。

血液在解碼這類關係能有很大的幫助，但為了徹底破解它，我們需要母乳。簡而言之，為了讓你省去通常需要人類學解釋的親屬圖的痲煩，它可以歸結為：哺餵卡里姆的女性嫁給了卡里姆同父異母的哥哥，而她的姊妹則嫁給了他的父親。這個女人後來生下了萊拉（也哺餵了她）。在伊斯蘭教傳統中，母乳親屬關係是長期的，在人們之間建立了一種法律認可的聯繫，最一般的聯繫就是相互的情感、關心和支持。但根據伊斯蘭教法，它也帶來婚姻限制：由同一個女性哺餵的男女不能結婚，即使他們「沒有血緣關係」。

直到最近，這種傳統在整個伊斯蘭世界都很普遍。事實上，暫且排除伊斯蘭教法的特殊例子，我們可以注意到哺乳行為在人類歷史上一直很普遍。[18]在配方奶粉及奶媽（《唐頓莊園》一定有這種人）出現前，我們還能期待什麼？哺乳行為的解讀在不同的文化中截然不同，它不一定會導致婚姻限制，甚至不一定和親屬相關。但是，在伊斯蘭教架構中，它會如此。每個虔誠的穆斯林都知道，他們不能和有哺乳關係的人結婚，這麼做就違反了「親密」（*qarābah*）的三種關係之一：血緣、婚姻和母乳。[19]

正如我們看到的其他傳統一樣，哺乳的衰落可以歸因於許多因素，其中多是因為現代化及全球化。例如在黎巴嫩，哺乳不太常見，因為居住模式已經偏向核心家庭，奶媽少之又少，因為母親會使用配方奶粉，也因為在市場經濟中奶媽很貴。「母乳銀行」在世界許多地方越來越普遍，這在穆斯林世界裡引起特別的焦慮，因為人們擔心他們的孩子在久遠的未來可能會和喝同一個母乳的人結婚。這導致一些極端保守的伊斯蘭學者要求保留母乳捐贈者的名單，如此任何特定客戶都能知道母乳的來源。

然而，正如我們在上一章看到的牲畜和聘禮，母乳親屬關係在黎巴嫩的地位和價值變化並沒有讓它因此消失。事實上，母乳親屬隨著新的生殖技術興起獲得了新的生命，這些技術對伊斯蘭教的母性理解提出了許多挑戰。

伊斯蘭學者普遍支持有助於生殖的醫學進展，例如他們不僅廣泛接受試管嬰兒等行為，對此也有很高的需求；就像在世界上很多地方一樣，這裡結婚生子的壓力很大。然而，有些新生殖技術會帶來特殊的挑戰。例如，在妊娠代孕中就有一個在法律權威專家之間的爭議，尤其是在什葉派傳統中，那就是代孕母親能否主張母親身分，以及如果她真的得到了母親身分的話，該做什麼事。一種說法是，她不能主張任何權利或連結。然而，其他學者認為懷孕實際上是一種超密集的哺餵母乳行為：母乳親屬關係背後的原則（因哺育而產生的關係）是可以延伸到代孕的新可能性中。

母乳親屬關係還有各種方式的延伸。在本書中，母乳親屬關係讓我們能理解因科技進步帶來的新關係類型。

然而，需要注意的是，也是人類學家必須考慮的是，因哺乳帶來的紐帶無疑很重要，但重要性往往次於血緣。在伊斯蘭教傳統更是如此。事實證明，母乳親屬不能進入繼承模式；繼承由血緣決定，也就是施奈德認為美國親屬具有的擴散性。

因此，從生物學和文化來看，都不一定需要理會血液的角色。我們當然可以找出人類在理解親屬關係時使用的各種方式。儘管如此，人類學研究一次次顯示出血是一種特殊的東西。

血會流出

施奈德解構美國親屬的研究在更廣泛的親屬研究中引發了一次革新。它顯示對骨肉親情的重視——甚至是姻親紐帶——如何限制我們理解人們思考彼此關係的方式，尤其是在「家庭」層面上。我們在伊努皮克的例子中已經觀察到親屬關係的彈性；此外還有數不清的例子可以找到。我們也已經看到像母乳親屬關係這種制度如何創造團結、連結和認同。

儘管如此，血仍是非常持久的象徵來源和樣板，不同時空的人類社群能透過血液表達核心價值和興趣。其中最常見的是生死問題，而生死問題又經常和純潔與否的概念聯繫在一起。這些問題的表達方式可以有極大的差距。例如在許多文化中，血液也有性別，被認為是女性的物質，這進一步塑造了相關的社會和文化動態。

所以我們又回到生物學和物質之間，以及社會和文化之間的連結。強調這種連結的重要人物是愛丁堡大學社會文化人類學教授珍奈特・卡斯滕（Janet Carsten）。她大部分的研究都集中在馬來西亞的郊區和都市，聚焦於她曾說的「關係性的文化」。[20]血在其中占很重要的部分。卡斯滕經常被認為是親屬人類學的領導人物，她對血的興趣卻帶她進入醫學、政治甚至是鬼魂的領域。卡斯滕受施奈德人類學分析方式影響很大，她也引用瑪麗蓮・史翠山（Marilyn Strathern）的開創性研究。史翠山在巴布亞紐幾內亞和英國對關係性的研究，定義了親屬和性別的整個研究領域。[21]但卡斯滕最近提出的取徑目的在重新調整文化表述範圍。因為對她來說，我們必須考慮的是，**血會流出**（*blood will out*）。[22]

卡斯滕對這個片語的使用帶有諷刺意味。在英國的諺語中，它表示一個人「真正的樣貌」（血液）最終會暴露出來，這更像是我們之前談到的「這在我的血液裡」。相反地，這不是卡斯滕的意思。她還是支持施奈德和史翠山的看法，他們都質疑親屬理所當然的存在。但對她來說，這個片語微妙地表現出一個事實，那就是並非所有的符號都是任意的，而且任何特定符號的物質性都可能影響它的含義。我們從物質身體的組成中還可以學到很多東西。這裡我們要岔出去簡單介紹一下符號學，或說是符號科學。無論是語言人類學或文化人類學中，它都是個重要的研究領域，也牽涉許多其他的研究興趣和領域。但透過我們對血液的討論來介紹符號學其實也滿有趣的。

對人類學家而言，符號學總是與瑞士語言學家斐迪南・德・索緒爾（Ferdinand de Saussure）的研究相關。他的《通用語言學課程》（*Course in General Linguistics*）於他去世後在一九一六年出版，自此一直備受關注。（這本書其實是他的學生彙整課堂講稿而成，這對一個教授的成名之夢來說是多麼奇妙啊！）正如標題所示，索緒爾關注的是語言，尤其是作為符號系統的語言（而不是在獨立情況下使用的語言）。符號有許多種——以更技術性的詞彙來說，符號形式有許多種——但我們在此先從語言開始。索緒爾定義語言符號為「概念和聲音模式的結合」。[23]例如，「樹」是一種聲音模式，讓人想起一個由木頭組成、會長出葉片的巨大蓬鬆之物。

自索緒爾的研究以來，符號的任意性一直占據人類學的主導地位。也就是說，我們用來指涉世間事物的概念（貓、樹、房屋、愛）的字詞（貓、樹、房屋、愛），都是約定俗成的。如果我們不再稱貓為貓，而同意叫牠們「絲狀體」，那也沒關係。在某些方面，這不重要、也不令人驚訝。當然，這些符號都是因襲傳統的，我們甚至不必造詞，只須指出語言多樣性的事實：貓的英語是cat，法語是*chat*，德語是*katze*，吉爾吉斯語是мышык，夏威夷語則是*popoki*等等。顯然這種字詞經常在詞源上是相關的，並且能找到特定的歷史關係。* 但無論如何，我們樂於承認這種傳統原則。

我們已經看到，在思考「家庭」這個詞彙時，事情變得有點棘手。對伊努皮克人而言，沒有這種確切的詞語。「宗教」也是個脆弱的概念，我們可以回想第二章關於埃薩埃賈人的討論。對他們來說，「人類」也沒有意義。這些棘手的案例——還有很多——會迫使人們對事物的秩序提出更多存在主義式，甚至神學的疑問。它們提醒我們，在符號的層次中，要做的不只是找出每個語言中所有的能指（signifier，像是「家庭」、「貓」和「愛」等字詞）來對應到正確的所指事物（「實際上」的家庭、貓或愛情的實例）。語言並非不同版本的拼圖，切分成只有細微差距的碎片後，最後能再拼成相同的畫面。正是在此，對於符號任意性的討論帶來了巨大影響。簡單來說，這屬於拆解猶太－基督教思想權威的更廣泛行動。《通用語言學課程》就像之前的《物種起源》，是通往世俗社會科學的一個路標。

如《創世紀》所述，在創世的行動中，上帝為天和地、日和夜等事物命名。然後，在伊甸園中，上帝將所有動物帶到亞當面前，讓他命名。後來亞當和夏娃墮落了，被驅逐出伊甸園。之後在《創世紀》中，全世界的人在一座大城市裡建造一座巨大的高塔（巴別塔），幾乎觸碰到天堂。上帝認為這代表著不敬，為了懲罰他們，他驅散人群，並「混淆他們的語言，讓他們無法理解對方的話語」。[24]在這些早期猶太—基督教的創世及歷史案例中，我們看到語言和符號製造的方式，與剛才概述的人類學方法有根本上的不同。這是個萬物都有適當名稱、位置和意義的世界。

幾年前，英國對同性婚姻的合法化進行辯論時，英格蘭和威爾斯的天主教主教會議發布了一封由會議主席、副主席簽署的信件，內容提及婚姻是一件聖事，你不能改變它的含義。[25]信中談的當然不是英文單詞「婚姻」，而是這個制度。但其背後的邏輯和我先前所說的相同，事物（詞語、制度等）的意義不是任意的，最終也不是人類決策的產物。他們寫道，婚姻的意義不是「公共意見的問題」，並呼籲所有天主教徒「確保婚姻的真正意義不會在後代子孫中消逝」。**

所以，研究符號的運作有幾種方式。正如我所說的，人類學一般說來秉持的是慣例和任意性的原則。多數人類學家絕不會說婚姻有「真正的意義」。這顯然與強調文化是建構的有關。

---

* 技術上來說，這些被稱為「同源詞」（cognate），來自拉丁語的 *cognatus*，意指「血緣關係」。血液的隱喻處處可見。

** 在近代人權活動中，經常會發現同樣的觀點和方式，即使其中形而上的部分截然不同或根本不存在。但這些人權活動的前提經常是絕對且固定的；折磨就是折磨。

但如果我們離開語言本身，去思考「物質」，這個原則就有其限制了。美國哲學家查爾斯・桑德斯・皮爾士（Charles Sanders Peirce）的研究在這一點發揮了特殊的影響力。一部分原因是皮爾士不像索緒爾，他的興趣不只是語言，更不只是抽象、形式意義上的語言。皮爾士對符號形式的物質屬性及性質很感興趣，這是因為圖像和物體並不是以聲音模式和概念的方式運作或存在。舉例來說，十誡是否寫在石板上很重要嗎？當然，石頭指向持久性和固定性。石頭彰顯了「這些真的很重要」。想像如果它們是寫在泥土上呢？那就不一樣了。這不是說物質的特性決定某些符號的意義，而是它們能形塑或引導——或如皮爾士所說的「標示」（index）——某些意義和關聯。

我們再回到血液——德語為*Blut*，菲律賓語為*dugo*，修納語（Shona）為*ropa*，以此類推。因為它的實質內容是這樣的東西，其物質特性，包括顏色（紅）、形式（液體）和起源（身體）便形塑和引導了特定的意義和關聯。它對生命的必要性的事實也是如此。正如卡斯滕所說，它的流動性能用來解釋為何它在多種領域中都扮演重要角色——不只是我們已經詳細討論的親屬，還有性別、宗教、政治和經濟。[26]我會一一說明，讓你們了解我的想法。

性別。血液不一定有性別，但如果有，通常是指生理女性，因為它和分娩及月經有關。在新幾內亞，放血儀式和行為在伊特穆爾人（Iatmul）、桑比亞人（Sambia）、古魯倫巴人

（Gururumba）等群體很常見。這通常是為了青少年男孩舉辦的團體儀式，被認為可以清除他們的女性氣質；在某些情況下，在妻子經期時，男子也會私下放血。[27]隔離經期婦女，或是禁止他們烹飪、性交，在全球都非常普遍。即使這些做法正在改變，其原則仍經常被保留下來。在瓦西馬婆羅門（Vathima Brahmins）中，女人在月經來潮時，會被關在房屋後三天，不能煮飯、不能洗澡也不能出門，這是保持家戶潔淨的關鍵。然而，如今許多年輕的瓦西馬婦女，尤其是住在城市或國外的婦女，拒絕這種嚴格的措施。人類學家哈里普里亞・納拉西姆漢（Haripriya Narasimhan）發現，這些女性中有許多人將自己的隔離時間限制在早上幾個小時，或是將排除區縮小到廚房。[28]這又給我們另一個「傳統的現代性」的例子，就像非洲南部聘禮一樣，事物越是改變，就越保持不變。但同樣地，血液並不總是以這些方式被性別化。在許多文化中，會賦予血液詳細的名稱，不能用血液一言以蔽之。例如在尚比亞的恩丹部（Ndembu）就有五種血液：分娩（嬰兒誕生）和婦女（一般情況）——都是女性的，但也有殺人／謀殺，動物的，和巫術的。[29]

宗教。剛剛討論了基督教，此時或許可以從基督的血開始。無須深究就能看出：血液是宗教的核心。當然，在基督教內部也有它的象徵性，在某些情況下則成為變體（transubstantiated）的食用。受難和聖餐禮這兩種情況都是淨化和救贖的行為，血液能潔淨而非汙染。我們不須深究，但若是深究起來，就能看到在世界各地都有以流血為前提的獻祭這類最重要的形式。多數情況下不是人類的血，雖然曾有研究指出（對西伯利亞的楚科奇〔Chukchi〕人而言）它是「終極的獻祭」。血液常來自有價值的動物：牛、羊或馴鹿，在楚科奇的案例中，終極獻祭雖然可能是奪取自己的生命——老年人自願安樂死——但事實上這也鮮少發生。比較常見的是從鹿群中抓一隻馴鹿獻祭。*如果不能，他們會獻祭（或破壞）一根馴鹿香腸。如果還是辦不到，便拿根看來像馴鹿香腸的木棍，再用刀插進去。這一連串的轉喻和隱喻都是由血液串連起來。[30]

政治。當然，另一種終極獻祭是軍人為國家犧牲。在此，親屬、宗教和政治其實已經難以區別，有數不清的政治家和雄辯家讚嘆那些為國家「灑熱血」的人，也有數不清的反戰標語或抗議，企圖扭轉同樣的形象。「不用鮮血換石油」是一九九一年波斯灣戰爭的主要口號。再來看印度，有一種繪畫風格在描繪國家英雄灑熱血的行為，還有一種肖像畫是以血為表達的媒介，而非顏料，捐血人認為這是愛國的犧牲。[31]一般說來，國家強迫軍人、警察或醫院員工捐血並不罕見，而在巴布亞紐幾內亞高地，桑比亞人的放血儀式（直到一九六〇年代）也是要讓年輕人成為戰士。[32]

經濟。如果你經營銀行或一家公司，你需要市場流動性（liquidity）。這是一個源自血液的比喻——因為金錢（或信用）是經濟體系的命脈。有時候，商業需要現金注入，現金可說是經濟的核心。血液和金錢的連結不一定都是好的：「償命金」（blood money）即是非法交易的一部分（拿錢換命）。住在現今南蘇丹的努爾人（Nuer）金錢觀很薄弱，這也表現在血液的用語上。他們說「金錢沒有血」，意思是金錢不能維持或發展社會關係；它缺乏活力，那種努爾人能在人群中，或在牲畜身上看到的活力。就像我們討論過的其他族群，對努爾人來說，牲畜在價值體系中占有特殊地位。一部分的價值與他們的血有關，它是活力的來源，也有生長的能力。努爾人不認為金錢是很好的投資；他們生活的國家自一九五〇年代中期以來幾乎一直飽受衝突折磨，金錢從未真正發展出可獲得「利益」的潛力。它似乎只會因通貨膨脹而失去價值。[33]在二〇〇八年全球金融危機後，泰國抗議者贏得「紅衫軍」稱號，因為他們將衣服浸泡在自己的血液中，象徵他們對國家利益的犧牲，以及政府在處理新經濟壓力時造成的背叛感；紅衫軍也將他們的鮮血灑在政府大樓上。[34]

這些血液物質和隱喻相關性的案例完全地概括了幾個重要的人類學議題。首先，所謂的「自然」與所謂的「文化」很難區分。這個議題也可以延伸至親屬與性別，政治、經濟與宗教

＊楚科奇的祭品是奉獻給祖先，他們認為祖先對世俗世界擁有相當大的力量。獻祭通常是種討好的行為，雖然某些世界觀否認這種行為或認為它沒有價值。不令人意外地，莫斯寫過一長篇獻祭邏輯的分析，因為它在許多形式上和禮物交換有相似的功能。

的界線。所有這些標籤和名稱其實都不適當，也無法劃出獨立的範圍。在所有這些領域中血液物質和象徵的結合清楚地表明了這一點。

第二，符號本身經常結合看似兩極或對立的聯想。血液是生命，血液是死亡，血液能淨化，血液會汙染。特納在分析恩丹部儀式象徵時，清楚地捕捉到這個象徵主義的特點。[35]就血液而言，生命力可能是將他所謂所有「迥異的所指」（disparate significata）連結起來的最重要主題。這個象徵主義的特點並不是給懷疑論者的素材。他們認為這些談論都變幻莫測且模糊不清，而偏好無可動搖的事實。符號的力量本身，以及它們關聯的邏輯，或許就是最無可動搖的事實。

最後，身體本身及構成身體的一切都是象徵想像的核心來源。無論在哪裡，都能看到人們利用身體當作隱喻和轉喻的模板，用來鞏固、擴展和探索他們對自己、對和他人的關係、對他們周遭世界以及天上事物的了解。我們最能——或是最廣泛地——能在血液看到這點，但還有母乳、心臟、肝臟、皮膚、頭、手（左右手經常有區別）、眼睛等等。我們的文化就是我們的血肉。

第六章
認同

我們無法以先人的研究展開本章主題的討論。維多利亞人沒有書寫有關認同的事，它出現在人類學期刊中的時間並不長，而它當然和家庭一樣，都需要加以研究，好進行跨文化的對比。

今日你或許不會質疑這個詞彙的重要性和普遍性。許多人類學家現在都很關注認同。這股風潮自一九八〇年代開始，其中一個重要的理由是全世界的人都開始思考「認同」，並有意識地使用這個詞彙。認同是自我定義、政治動員、治理的重要工具。當然，正如心情多變的青少年熟知的，它也是哲學反思的主要工具。我是誰？

然而，認同不是一個新詞，而它一些在當代的主要用途其實已經存在許久。在《牛津英語詞典》中，「認同」的第一個定義是「在實質上相同的性質或狀態」。這可以是任何事物——數字、番茄、星星——不過在過去五、六十年中，它在我們自我及群體定義的詞彙中占據重要位置。《牛津英語詞典》也強調這種相同的狀態或性質必須是持久的。認同的第二個面向也一樣重要。

心理學家愛利克·艾瑞克森（Erik H. Erikson）經常被認為是這一變化的發起人。他在一九六八年首次出版的《認同：青年與危機》一書中創造了「認同危機」這個詞。[1]艾瑞克森對年輕人產生興趣背後的時代中，見證了民權運動、黑人權力運動、女權主義，也許更廣泛地說，還有一九六八年從墨西哥到捷克斯洛伐克迅速興起的反戰及反建制抗議。在這些運動中，認同政治成為批判和自我定義的有力工具。以麥爾坎·X（Malcolm X）為例，他用這個名字象徵本名中的麥爾坎·利透（Malcolm Little）並不是他自己或家族的姓，而是他祖先在奴隸交易買賣的過程中，被抹去了真正的姓名。對姓名的強調是研究認同的常見方式：它表達了一些我們經常認為是深刻和持久的東西，即使環境或歷史的力量試圖壓制或抹去它。我們也可以在法農及其他反殖民學者的研究中看到對認同的關注。從巴西、波札那到瓜地馬拉和美國，認同政治成為反殖民運動的核心，也是原住民群體與民族國家關係鬥爭的核心。

艾瑞克森的研究生涯可以用來理解性格塑造的改變如何隨著時間發生，即使是在相對較短的時間內。他對認同和青年的觀點有助於一九六〇年代時代精神（zeitgeist）的分析，但它們真正的基礎是古典人類學議題。在一九三〇年代，大約是他的職業生涯剛開始時，艾瑞克森曾和人類學家米基爾（H. S. Mekeel）共事一段時間，一起研究歐格拉拉（Oglala）蘇族保留區（Sioux Reservation）的教育及兒童心理學。艾瑞克森對蘇族的研究在幾個方面都很有意思，尤其是他研究歐格拉拉的「文明使命」對兒童心理健康的影響。在他公認最具影響力的作品《兒童與社會》（*Childhood and Society*，一九五〇年出版）中，他討論了這個研究的部分成果。那本書有幾處提及了認同，包括艾瑞克森對蘇族「被剝奪了形成集體認同的基礎」的擔憂。[2]然而，在一九三九年的一篇文章裡，剛與米基爾合作完的他在研究分析裡完全沒有明確提到「認同」[3]。但到了一九六八年，認同成為了頭條話題。

那麼這三十年間發生了什麼變化？如果我們用艾瑞克森的研究作為風向標，它說明了什麼？其一是我們在多大程度上開始認為自己是擁有權利的個人。從這方面來看，這可以說是相當重要的三十年。

權利的現代語言可以追溯至十七世紀的英國，當然還有美國及法國革命。然而它最鼎盛的時期仍是《世界人權宣言》（UDHR）。這是二十世紀最重要的文件，也是所謂「現代主題」非常有用的指標。聯合國在一九四八年批准的《世界人權宣言》提出一個非常具體的人類願景，並以個人為基本單位。宣言中幾乎所有條款都以「人人」一詞起始，人人有權享有生命、言論表達自由、信仰自由、人格發展自由、遷徙自由、擁有財產、和平集會結社、工作，甚至是有薪休假之權（第二十四條）。宣言裡的確存在國家，甚至是文化，但前提是它們有助於實現，或可能阻止承認每個人的個人權利。家庭也曾短暫出現（它是「社會之當然基本團體單位」），在接近結尾處也有提到責任（與權利非常不同，因為它們要求個人採取行動），但最重要的還是個人。

在《世界人權宣言中》，個體就是個別的**人**。*然而，在我自己對個體的強調中，我指的不只是有血有肉的人，還包括有界限的群體或文化的概念。我們習慣在討論「個體」時指的是個別的人：約翰、瑟琳娜或知子。我們經常把「個體」（individual）和「個人」（person）當成同義詞，證明了以人為本的連結變得多麼重要。但我們不該忘記，「個體」經常是形容詞，而不是名詞。我們可以談論個別的涼糖、個別的鞋子，甚至是個別的團隊。在一九七〇年代，這一點很重要，因為人們已經清楚認識到群體的權利——有時候稱為文化權利——和人類（個人）權利一樣都是很急迫的問題。無法解決這個問題是《世界人權宣言》的主要缺點。它的寫法暗示人可以在文化脈絡外存在。一些最早反對《世界人權宣言》的人是鮑亞士學派成員，他們認為這完全不合理，也覺得將權利框定為每個人都像是曼徹斯特或底特律的工廠工人，是件荒謬的事。（別誤會我的意思，有薪休假是件好事，但如果你是瓦哈卡的農夫，這就不合理了。）

這讓我們看到二十世紀中期另一項重大轉變，自我和群體理解和所謂的全球化關係越來越緊密。在人類學中，全球化被定義為創造「高度相互聯繫的世界——資金、人口、貨物、影像和意識形態快速流動，將這個世界拉入一張縱橫交錯的網中，壓縮我們的時空感，讓這個世界感覺更小、距離更短」。[4]這裡可以討論的內容很多，不過現在我想說明的是相互聯繫強度的影響迫使認同問題出現。我們所有人都會變成一模一樣嗎？全球化是否迫使相異走向相同？

面對這樣的問題的解答之一，就是強調強烈的文化認同。以貝里斯為例，[5]在一九八〇年代晚期及一九九〇年代早期，貝里斯越來越多人可以看到衛星電視，在相對較短的時間裡，貝里斯和前殖民主人英國的聯繫便有所鬆動。當地人不再依賴由後殖民國家廣播系統提供的電視節目菜單，其中有許多都是BBC和美國電視網重播的老舊節目。重要的是，當地人感覺開始和更廣大的世界產生連結——如果你願意的話，可以和其他人同一時間看到節目。衛星電視是活生生的實況；它沒經過中介，也沒有延遲，這些都是以往標示貝里斯人「落後」的方式——一個揮之不去的殖民形象。突然間，他們可以收看美國的有線新聞頻道和棒球比賽（非常受歡迎），衛星電視成為進入全球舞臺的標誌，並且在關鍵的面向上可以說是一種賦

*《牛津英語詞典》中對「個體」（individual）的第一個解釋為「單一實質或本質」，近乎「身分」（identity）的同義詞。

權。然而對某些人來說，它也引發對貝里斯人認同的關懷。我們從這時候發生的另一個轉變中看到了這一點：貝里斯音樂傳統突然大行其道，包括「蓬塔搖滾」（Punta Rock）風格（有點像卡里普索音樂〔Calypso〕）。在舊有的殖民關係模式下，這種地方音樂是古怪的老東西，現在它卻成為真正的興趣和驕傲。它很特別；可以展現當地人的才華，也是對不斷擴展、沒在MTV臺上播出的「世界音樂」的貢獻。*

由此可知，全球化不一定會導致文化差異消失。人類學家經常會發現，無論出自真實或想像，文化同質化的威脅是確保文化繁榮的最佳方法。有時候它們是被復興的傳統，就像是貝里斯的音樂；有時候它們是被創造的傳統；但通常這是兩者某種程度的結合。這麼想吧：小提琴也是民謠提琴（fiddle），如果你來自維也納，你或許會認為它是用來創作協奏曲的。但若是在來自愛爾蘭科克郡或西維吉尼亞州艾京斯的音樂大師手裡，就不是如此了。弦樂器的傳播並不是全球化爭論的主要焦點，但我要說的是其他東西，從電視、手機、到可口可樂。就此而言，還有聯合國單位和人權非政府組織發送的小冊版本《世界人權宣言》。

我剛才是從一個較高的層次來探討貝里斯的例子。從這樣遠的距離來看，很容易承認一個國家認同是可以改變的。所有認同都會隨著時間改變，部分是因為歷史和社會因素。即使像新的電視平臺這麼看似簡單的東西，在英國殖民統治和全球化的背景下，也能促成變化。

事件對認同的公式來說一直是重要的。環境、觀點和地方也是。每個曾書寫過認同的社會科學家似乎都提出了這一點。認同是相對的，它會不斷調整。我在迦納時，會說自己是從美國來的（但那時我住在倫敦）；我在美國東岸時，會說自己來自紐約；但如果我在加州，可能會說自己來自東岸；我在紐約時，又會說自己來自首府區；我在首府區（也就是奧巴尼Albany），會說自己來自斯克內塔第（Schenectady，這名字源自摩霍克語，意思是松樹之外）；我在斯克內塔第時，會說自己來自公園附近，或是我讀的是林頓高中等等。如果我在這些地方跟人類學家同行交談，而我們一起去到斯克內塔第，我可能會提起路易斯．亨利．摩根曾在那裡上大學。這些都是「認同」——至少是一種認同的行動——它們都是我的一部分。

線上社交媒體不斷增長，這讓我對斯克內塔第或摩根的認同行動顯得就像是兒戲。人類學對線上社交生活及虛擬世界的研究顯示我們如何充分利用網路空間及其他媒體建構新的認同。以最長壽的虛擬世界「第二人生」為例，它現在已有超過一百萬名成員。在它的網站上，人們受邀加入，創造他們自己的「頭像」（avatar）——他們線上的樣貌。我們被告知可

＊世界音樂包括西方世界外的所有音樂。麥可．傑克森不是「世界音樂」，辛巴威的名歌手湯瑪斯．瑪富莫（Thomas Mapfumo）是。但仔細思考會覺得奇怪，因為麥可．傑克森的音樂才是傳遍世界的那一種。這不是輕視瑪富莫的傑作，而是我們能從中得知誰有決定權，誰能定義標籤。

以「隨心所欲創造、訂製並徹底改變你的虛擬身分」。[6]人類學家湯姆・布爾斯托夫（Tom Boellstorff）曾對「第二人生」進行田野研究，他說會有男人看來像花栗鼠、精靈和性感的女人，也會有成年人的身分是小孩，甚至可以被「虛擬」收養。[7]然而，人類學對虛擬世界的研究表明，這不意味它不是真實的，也不會因為只是遊戲所以不重要。「頭像代表我心裡真正的想法。」一位婦女在「第二人生」的宣傳影片中這麼說。[8]如布爾斯托夫和其他人所說，虛擬身分成為真實。它們代表一種更普遍的趨勢，即是認為我們是自我塑造的生物。所以那個老套的青少年問題——我是誰——逐漸被更開放的後現代問題取代：我想成為誰？

再論種族

然而，儘管人們普遍意識到認同可以改變，身分是情境性的，仍然一直有趨勢認為認同是固定且持久不變的——即使在個人具有權利、能自由表達自我的全球化世界中。記得，血會流出！這不是卡斯滕的微妙意涵，而是我們在種族主義和一滴血原則的邏輯中發現的明顯感受。

我想回到種族問題上，因為當涉及這種認同問題時，它為人類學家帶來最重大的挑戰。一方面，從生物學上說，人類學研究顯示出種族是個迷思；另一方面，它是一個謎——就像所有神話——承載著大量的文化意義。種族或許是個謎，但「種族」仍然是個強大有力的類別。

這個領域的重要研究來自阿什利．蒙塔古（Ashley Montagu）在一九四二年出版的《人類最危險的謎題：種族謬誤》（*Man's Most Dangerous Myth: The Fallacy of Race*）。蒙塔古是鮑亞士和潘乃德的學生（雖然他是在馬凌諾斯基於倫敦開的討論課上認識人類學的），他的研究極其廣泛，從生物科學到思想史——這段歷史清楚表明現代的種族概念源於歐洲殖民主義。當然，就科學而言，一九四二年能取得的證據不如今日詳盡。到了一九九〇年代，體質人類學和遺傳學者清楚表示，就生物學而言，只有一種人類種族；更精確地說，沒有人類的「亞種」。人類群體之間的基因差異非常小，尤其是相較於其他大型哺乳類物種。此外，由於分子遺傳學在追蹤演化史的進步，在蒙塔古時代較為普遍的個別演化譜系（非洲、歐亞）的假設受到了質疑。正如這個領域的一位重要研究者所說的：「所有人類都是單一譜系，共享著共同的長期演化命運。」[9]

我在第一章提到潘乃德支持這一論點。當然，她沒有今日遺傳學及進化生物學的資料；她的論點多是基於文化和習俗。然而，她的論點的提出還是很重要，並且是在針對像維吉尼亞戶籍註冊主管之類的人物。他們反對所謂種族混合的立場是基於一種種族主義的論點，認為最終只要任何人帶有一滴「有色血液」就會被歸為「黑人類型」。為了反駁種族和文化行為相關聯的論點，潘乃德以假設的「跨種族」收養為例，寫道：「一個被西方家庭收養的東方小孩學會英語，對養父母表現出和同伴小孩一般的態度，長大後從事養父母所選擇的職業。他學會收養他的社會的全部文化特徵，而他親生父母的群體的那套特徵則沒有任何意義。」[10]這些都支持她的反種族和反種族主義觀點：「文化不是生物傳播的複合體。」[11]血液不能表達什麼，沒有真正黑人、白人、西方人、東方人或其他這類的種族身分。

然而，潘乃德為了擺脫種族生物性而轉向文化的做法卻有誤導性。在美國、英國或任何具有東西方傳統的現代地方，你可以非常肯定，孩子「親生父母」的「文化特徵」在決定認同時依然扮演重要角色。這的確不是因為血液，但這孩子周圍的西方人都會認為它發揮了作用——無論他們有沒有說出口——孩子會被迫思考與種族身分相關的事，即使它會讓人落入模稜兩可的境地。

先前有關種族和文化的討論中，我也提到貝克的當代研究。貝克是杜克大學的教授，他的作品大多著重於人類史，尤其是鮑亞士及其學生對種族及文化的辯論。然而，目前我想強調的是貝克自己的傳記，因為他在書中對自己的描述闡明了有關認同的一個重要論點。[12]貝克是非裔美國人，被白人家庭（瑞典路德教派）收養，在奧勒岡州一個幾乎全是白人的社區中長大。從很小的時候起，他便開始從種族的角色思考身為黑人的問題。一開始，是因為一個收垃圾的人——在一九六九年，他三歲的時候，那是當時的他遇到的唯一一個「黑人」。這種認同不是來自內心，而是來自他的周圍——父母充滿愛意和善意而說出或未說出口的話，學校同學有時說出的殘酷言詞。他說，自他幼時到進入大學的過程中，他「很努力當個黑人」。「一個人必須學習展演白或是模擬黑的想法，一直是我社會化過程中最重要的事情。」他寫道。[13]

貝克不是潘乃德假設中的被收養者。儘管在潘乃德的大局觀中，人類學家可以助長種族作為一種文化建構的身分。但危險的是，我們假定對這一事實的了解對整個世界有決定性的影響。正如貝克所說：「美國的種族既是一種幻想，也是一種物質現實。」[14]生物學的虛構；文化的事實。遺傳學家和生物人類學家也承認這一點。在《科學》雜誌最近一篇論文中，一組研究者確切地承認了貝克所提的悖論。他們說，我們不能忽略文化意義對種族認同的重要性，但「美國國家學院應該召集生物科學、社會科學和人文科學家組成一個專家小組，就人類生物多樣性的研究方法提出建議，以取代過去實驗室和臨床研究中利用種族作為分類工具的做法」。[15]

馬什皮的認同

想證明現代認同的混亂，馬什皮（Mashpee）印第安人或許是最好的例子。[16] 馬什皮是麻薩諸塞州科德角的一個城鎮。在一九七六年，馬什皮的萬帕諾亞格（Wampanoag）部落議會代表近三百名成員，向聯邦地方法院提出申請，要求大約四分之三城鎮土地的權利。他們的行動屬於當時美國境內原住民主張土地權及主權的更廣大運動，尤其是在東北部地區。事實上，這是一個浪潮的開始，全世界的原住民族都在主張土地權利和主權——從巴西、印度到澳洲。到了一九八〇年代早期，文化權利和人權都成為具有強大道德力量的重大議題，而這些主張的力度通常取決於身分政治的力度。

許多努力取得了成功。澳洲在一九七六年和一九八一年通過重要的土地權利法案；巴西於一九八八年的憲法中也正式承認原住民權利（但未帶來立即的轉變）；在瓜地馬拉，一九八三年，里戈韋塔．曼朱．圖姆（Rigoberta Menchú Tum）的自傳《我，里戈韋塔．曼朱》（*I, Rigoberta Menchú*）出版，引起人們對馬雅群體困境的關注，因而成為第一位「全球原住民」。然而，在馬什皮的情況下，還有一個先決問題：他們是否可以被正當地承認為原住民群體？他們有文化認同嗎？

自一八六九年形成以來，馬什皮一直被認可為一個「印第安城鎮」。自清教徒時代以來，這地方就與一個曾被稱為南海印第安（South Sea Indians）的群體相關聯。這種認可是非正式的，但在一九六〇年代以前，城鎮政治由印第安家族主導，他們可以享有一定的主權和自決權，而這一事實加強了這種認可。然而，在一九六〇年代，當科德角成為越來越熱門的觀光景點和退休目的地後，城鎮的人口平衡發生變化，印第安人失去政治控制力，人數上也不再占有優勢。在一九六〇年代初期，印第安人與白人比例是三比一。到了末期，卻變為一比四，完全相反的局面。印第安人一開始歡迎觀光業帶來的稅收來源及商業收入，後來卻抱怨過度發展，尤其是失去了他們用於狩獵和捕魚的土地。一九七二年，部落議會成立，並於一九七四年請求印第安事務局認可。

正是馬什皮的政治控制長久以來提供了一種群體認同感。這一區大多數人都認可並接受這樣的發展。然而，除此之外，馬什皮萬帕諾亞格文化並沒有太多顯著特徵。雖然偶爾會有文化復振活動，但也只是偶發性的。而即便有些文化傳統被保留了下來，並為日常生活增添色彩，但它們少之又少。政治結構不是「部落」的；印第安人的統治基本上遵循小鎮的慣例和州法律。原住民語言萬帕諾亞格語（Wôpanâak）或麻薩諸塞語在十九世紀已經消亡，所以也無法產生連結。原住民宗教也沒有強大的傳統：多數印第安人都是浸信會教徒。

聯邦法院的審理花了四十一天。在此過程中，原告試圖描繪一幅圖樣，那就是部落認同沒有消失，而是淹沒在廣大新英格蘭社會和政治動態中，且部落認同對這樣的動態很敏感。部落議會的論點追溯至清教徒時代，認為為了生存，改宗基督教是必要的。融入當地和區域的經濟，成為麻薩諸塞州的一分子，同樣至關重要，否則他們怎能生存？為了加強他們的論點，印第安人可以指出文化復振運動進行的時期，包括一八六〇年代和一九二〇年代。換句話說，對原告而言，他們的印第安認同是持續性的，真實存在的，但因為被殖民者經常面對的權力不平衡，而沒有明顯地表露出來。

辯護律師採取非常不同的策略。他提出部落議會原告所說在面對外部壓力時，保持核心認同完整的努力，其實只是美國故事的另一個版本。馬什皮的印第安人已經變成美國人，他們已經融入這個體系，不能理直氣壯地宣稱不是這樣。他們的文化在哪裡？

原告請了幾位人類學家作為專家證人。辯方律師（更不用說法官了）對他們不留情地攻擊，因為人類學家拒絕用法院體系要求的是／非方式回答。正如我在本書中一直努力解釋的，文化不是能輕易描述或定義的事，文化認同也不能簡化為勾選對錯的簡答題。簡而言之，被告辯稱沒有這種認同存在。根據美國大眾的想像，馬什皮人長得不像印第安人，說話不像印第安人，行為不像印第安人。簡單來說，馬什皮不夠文化。這種論點占了上風，馬什皮敗訴。

馬什皮的案例處於原住民身分政治的灰色地帶，還有更多黑白分明的案例更能成功符合滿足我們在《牛津英語詞典》中看到的認同定義——實質上是一樣的，並且隨時間推移一直是如此。當法院、政治精英或任何主流大眾在被要求思考馬什皮這類請求時，他們經常會預期看到差異的鮮豔展示。

如果你想成為原住民，你必須有所不同。你要很傳統，要穿得很文化。同樣的邏輯也適用在全球旅遊業。如果你曾經去肯亞的狩獵小屋，或是峇里島的度假村，很可能會有一群隨著傳統音樂起舞的「原住民」簇擁著你下車。然而，如果你仔細思考，你可能會承認，在每一班來去的遊覽車之間，那些原住民正拿著智慧型手機滑臉書。

身分就像種族一樣，既是一種完全的幻覺，也是一種物質現實。而且，像種族一樣，我們以自然和奸巧的方式來處理身分。我們假設它存在於內心深處，但我們又認為它是被展演出來的——有時候非常真實——例如在肯亞狩獵小屋跳舞的馬賽族，或是《第二人生》中的花栗鼠人——有時候更像是在指引日常生活和社會的期望，就像貝克解釋他自己在美國的成年經驗。

語言意識形態

如果一九七〇年代馬什皮人仍使用麻薩諸塞語——即使只是一些老年人讓這種語言在社群中保持活躍——情況無疑會更好。語言和文化經常被視為一體兩面。就像血液，它經常被理解為能捕捉性格的本質，也像你臉上的鼻子一樣能構成你的身分。母語；母乳；血液：這是條清晰的象徵鏈。

在人類學的四個領域中，社會文化及語言人類學經常有緊密的連結。從社會和文化人類學家的角度看來，這是有實際意義的。你可以在倫敦或拉哥斯做田野工作，而不需要太多古病理學紀錄或碳定年的罐子碎片。不過你還是不得不注意語言。

並非所有語言人類學家都會做田野工作，或是注意到語言的使用。你從文法、句法或例如說班圖語名詞類別的抽象形式的比較結構——也就是，從文本來源和紀錄——之中學到的事情很珍貴，但它也會告訴你一些不同於日常生活用語研究的東西。這有時被解釋為語言（*langue*）和言說（*parole*）之間的區別，而這是來自索緒爾研究的標籤（他關注的是語言的部分）。然而，許多語言人類學家的研究都聚焦於語言的使用——即言說——有時候也稱為社會語言學，或更確切地說，語用學。這個傳統的其中一個研究興趣是語言使用者如何理解其文化價值。

在過去的四十年裡，語言使用研究中最豐富的領域是專家所說的「語言意識形態」。[17]我想在這裡花些時間解釋一下，因為它對理解認同的文化觀點很有幫助。事實上，一般說來，如果你理解了某種語言意識形態，你會對文化的運作有很好的理解。

我們都有語言意識形態，我們可能不自知，也不去想，但的確存在。基本上，我們都會對語言的結構、意義及使用做出某種假設，或抱持某種信念。我們的語言意識形態訴說我們對事物秩序、權威性質等事物的理解。什麼價值是重要的，甚至我們認為現實是什麼。

若要舉出語言意識形態在實踐上的常見案例，我在本書中已經做過很多次了：即引用《牛津英語字典》裡的字詞定義。[18]這告訴我們什麼？我認為——或許認為你認為——字典的定義能告訴我們字詞的真正意義，這表示我——或是你，或是我們——假設真相或真實來自專家所寫的文本。我絕不會寫：「我媽曾告訴我，身分指的是**在實質上相同的性質或狀態**」——除非我期待你們視這條定義是明確無疑的。在這種事情上我們相信書勝過人，相信專家勝過一般人——甚至是媽媽（特別是牛津大學出版社的專家？）。

另一個常見的例子與此有關，也是我曾在這本書裡做過的事：追蹤詞彙的詞源。**在它最古**

老的用法中，來自拉丁語，「蒙昧」代表……我曾在第二章寫過非常類似的話。所以這告訴我們什麼？我認為，或是認為你認為，一個字詞的真正意義與它的原始用途有關。通常，在我使用一個詞的時候，會表現出它潛藏的原始形式。舉例來說，宗教：拉丁語*religare*的意思是「綁緊」，*religio*的意思是「神聖、崇敬」，啊，是的！宗教和社群有關，是人與神的連結。是的，還有那些神聖的東西。那樣就差不多了。當然，在西方世界，拉丁語和希臘語有特殊的威信（它告訴我們事物古老的高貴價值），它也意味著意義的形上學在我們的集體意識中揮之不去。我們之中咄咄逼人的無神論者不應自欺欺人地認為，只有天主教的主教才能認為婚姻有「真正的意義」。

還有很多例子，事實上，我最喜歡的例子是一個無神論者，他也是名喜劇演員兼作曲音樂家，名叫提姆．明欽（Tim Minchin）。他是那種為了不信而不信的無神論者，不是尊重不同立場的無神論者。有次，為了證明他的觀點，即沒有超自然或神祕的存在，他在文學節對一群觀眾說：「我希望我女兒明天死於車禍。」[19]觀眾明顯深吸一口氣。他這麼說是在強調盎格魯語言意識形態的某些特徵。首先，我們的發言應該真誠，我們希望語言是真理的媒介，「說你所想的，想你所說的」。這不是他想說的重點，但他還是說了。他想說的與語言意識形態的第二點有關，也就是我們的言語不僅會對其他人產生實質的影響，對事件的進程也會。「如果你不能說好話，那就什麼也別說。」這也是我們說出某件事，又擔心事情不會實現時，會說「摸木頭」或是真的摸木頭的原因。「他會得到這份工作！摸木頭。」沒什麼人知道他們為什麼要說「摸木頭」，但這與本案例無關：相關的是咒語般的表達方式，還有它的「神奇」效果。這正是一個激烈的無神論者想挑戰的，明欽想讓他的觀眾從充滿迷信、語言意識形態的麻木中清醒過來。他試圖說服他們：一、沒有超自然力量在偷聽你說什麼魯莽的話；二、在任何情況下，這種言論對事件的未來進程沒有任何影響。（這也是無神論者認為祈禱不理智的原因。）

在過去二十年裡，許多語言人類學家都為繪製現代西方社會語言意識形態的宏觀地圖做出了貢獻。[20]簡單來說，他們認為近代西方社會有兩種主要類型：原真性的意識形態和匿名性的意識形態。雖然在某些方面，兩者存在區別，但他們有個共同的基礎，即凱瑟琳·伍拉德（Kathryn Woolard）在加泰隆尼亞語言意識形態及身分政治的重要研究中所說的社會語言學自然主義。[21]我想在下一節再回頭說明這個研究的細節。現在，我們先討論一般性的論點。

原真性的意識形態和本章已經討論的許多內容有關，它建立在本質主義的基礎上，並說明我們的語言表達了與我們個人和集體密不可分的東西。「原真的聲音的主要意義在於它標示了一個人是誰，而非他必須說什麼。」[22]在流行文化中有一些關於這點的有趣刻板印象：時髦的法國人的時髦，和他悅耳的甜言蜜語有關；深刻的俄羅斯詩人的深奧性，以及她用語言捕捉冬日陽光的能力，都和她的詩詞息息相關。但強調原真性的動力，往往來自於身處少數民族的地位。例如，這一直是魁北克和布列塔尼（Brittany）民族主義計畫的核心，也經常出現在少數民族社群，尤其是在貧窮的城市地區。階級可能是個重要的決定因素，就像口音和發音一樣。在所有這些案例中，語言在不同領域的風格（register）標示著一種當地的社群認同，穩固地在一地之上存在，且經常表達出特殊的性格或感性。我們能從倫敦的考克尼（Cockney）腔、紐約或西岸饒舌的特殊性及索韋托（Soweto）俚語的獨特性中看到這一點。如我們所料，這種原真性是學不會的，只能有或沒有。這不能阻止某些人試圖「變得真實」或是「融入人群」。主流政治家往往在這方面大大地為難自己。在東尼·布萊爾（Tony Blair）的政治生涯中，人們嘲笑他從牛津、西敏市泡泡的拘謹轉成說著庶民工人階級「河口英語」（Estuary English）的習慣。在這些時刻，他試圖讓自己聽來像是來自巴休敦（Basildon）的男孩，雖然他每次這樣做似乎只會讓人更加惱火。

匿名性的意識形態，是主流語言合法性的後盾。英文是最廣泛使用的語言，在許多脈絡中，它不只是指出地點，而是超越空間——成為無所不在的語言。作為全球通用語言，以英語為母語的人——尤其在英國——必須放棄一些對原真性的強烈要求，因為它具有全球公認的價值。沒錯，很多人，尤其是美國人，喜歡純正的英國口音，但那些同樣崇尚英國文化的美國人絕不會認為自己的英語比休．葛蘭，甚至伊麗莎白二世女王的英語差多少。這種意識形態對公共領域的正常運作至關重要，不只是英語或西班牙語這種全球語言，而是任何一種主流語言如何在包含不同團體或社群的政治舞臺上運作。印尼語是另一個很好的例子，因為印尼這個島嶼國家使用三百多種語言，而這種語言的建立創造了一種共同的媒介。

我們可以理解，原真性和匿名性的意識形態通常適用於同一種語言；區別取決於差距程度或脈絡。如果你來自艾塞克斯郡（Essex）的巴休敦，你完全有可能：一、在東尼．布萊爾想學你的鄰居一樣說話時會感到惱火；二、同時，支持英語成為聯合國的通用語言，因為你承認它平等地屬於每個人。事實上，對聯合國祕書長而言，以葡萄牙語、韓語或阿肯語（Akan）公開演說，尤其對象是國際或全球聽眾時，可能會被視為分裂或排斥。

支持這兩種意識形態的是伍拉德所說的社會語言學自然主義。這意味著所討論的意識形態被認為是自然的，自然如此，就是這樣。換句話說，原真性或匿名性的權威性不是人類決策、政治工程或經濟環境的結果。

從人群到展演

在一九三〇年代到一九六〇年代間，我們看到對認同的依賴有所增加。從那之後，就發生了其他的變化。就研究而言，人類學家仍經常發現一種期望或假設，即文化認同就是這樣——它不能被真正改變。異國風情的差異仍然很重要；馬賽人仍然可以在狩獵營地兼職，為英國遊客跳舞。

但在二十一世紀初，更具展演性的認同方式獲得了關注和信任。這不僅在第二人生虛擬世界中顯而易見，也出現在我們最意想不到的地方——歐洲的民族主義運動。

歐洲民族主義的名聲有時不太好。除了一些例外，大多數都是右翼，而且通常是政治光譜中的極右翼：例如匈牙利的尤比克黨（Jobbik），法國的民族陣線，英國國家黨。這種類型的政黨利用仇外情節，以公開或隱密的策略活動。他們有著非常二十世紀、「血會流出」式的認同理解，而他們對語言的理解及使用是以原真性意識形態和社會語言學自然主義為前提。英國國家黨甚至反過來用帝國語言來補充這一點：他們在網站貼文上說倫敦的哈姆雷特塔已經被第三世界移民「殖民」，而「原住族群」已經流離失所。[23]

加泰隆尼亞是一個不同的例子。一九七八年，在法朗西斯科．佛朗哥（Francisco Franco）獨裁政權倒臺後，西班牙通過了新憲法，加泰隆尼亞成為十七個「自治區」之一，憑藉自己的權利擁有相當大的權力，也享有高度自治。就人口而言，加泰隆尼亞是西班牙最大的自治區，也是最富有的自治區。這一區使用加泰隆語，和西班牙語不同（或是西班牙人普遍知道的卡斯提爾語〔Castilian〕）。人們有時認為它是西班牙方言，但其實不然。一直到一九八〇年代，加泰隆語的權威都是基於上述的原真性意識形態。加泰隆尼亞人是天生的，而不是後天培養的。然而，隨著時間，這種情況發生了變化，對本土根源及「母語」的重視已經不再，取而代之的是更有彈性的歸屬感和認同感，在其中原真性可以被塑造，而不只是天生。

一九七九年，就在後佛朗哥時代開始的時候，伍拉德開始研究加泰隆尼亞的身分政治。對語言人類學家而言，將這裡作為田野地是個明智的選擇。加泰隆語有廣大且穩定的母語使用者基礎；它在支持者主張加泰隆尼亞獨特性的政治活動中也扮演了重要的角色。此外，因為加泰隆尼亞的經濟較西班牙其他區域強大，語言和認同也帶有一定的威望價值。但加泰隆母語使用者不僅在西班牙大環境中是少數族群；在自治區中，自一九〇〇年以來，也大約只有四分之三的移民者使用加泰隆語。即使在今日，不到三分之一的人將加泰隆語作為他們的母語；百分之五十五的人以卡斯提爾語作為母語。[24]

從自治的早期開始，加泰隆尼亞的新政府實施了幾項語言政策，以加固清晰的民族認同感，其中多數是透過教育體系完成。一九八〇年代，政府越來越要求學校開設加泰隆語課程，一開始是選修，最終成為主要的教學語言。到了二十一世紀，多數課程都是用加泰隆語教學。

鑑於教育政策對伍拉德所說的加泰隆尼亞「計畫認同」的重要性，她在學校裡做了大量的田野工作也不令人意外。一九八七年，伍拉德研究一所高中裡的青少年，這所高中經常被認為在觀念上是親加泰隆語的學校。它收了許多來自不同背景的孩子，所以學生有來自說加泰隆語的家庭，也有說卡斯提爾語的家庭。在後者的狀況中，他們多是工人階級移民的孩子或孫子。伍拉德的發現大致確認了我們在其他脈絡所見的事情，也就是身分政治使用本質主義的詞彙來表明出來。加泰隆和卡斯提爾語使用者通常被認為是不同的，來自工人階級家庭的後者經常不被認為是本地人（即使他們已經在那裡生活了好幾代）。在伍拉德與青少年的討論中，她聽說卡斯提爾語比加泰隆語更粗俗、粗糙。「說卡斯提爾語的人沒有文化。」一個年輕人說。[25]雖然這引發了激烈的辯論，但說卡斯提爾語的人在某種程度上表達出團體邊緣化（和同儕團體相比）的感覺。正如一些卡斯提爾語使用者所說，他們說加泰隆語時，會有尷尬和羞恥感，就好像他們在假裝，好像他們真的沒有權利這樣做。

二〇〇七年，伍拉德找到幾個她在一九八〇年代認識的學生，大多數人的母語是卡斯提爾語，其中許多人曾表達有被排除在民族主義者「計畫認同」之外的感覺。現在他們三十幾歲了，幾乎都認同自己是加泰隆尼亞人，並且越來越自信地說著這個語言，甚至有種主人翁的感覺。那些年輕歲月的傷痛並沒有消失：他們被排擠的感覺是有意義且真實的。然而，總的來說，他們把這歸因於青少年的自尋煩惱。此外，對他們來說，對加泰隆尼亞認同的表明不一定與更大的政治計畫或立場相關聯；事實上，大多數人強調這是個人的，並嘲笑強烈的民族主義表述。他們對認同的觀點已經成為「一種兩者兼而有之的存有模型，而不是非此即彼」。[26]

當伍拉德在二〇〇七年回來時，她不僅找到過去的報導人，也在同一所學校再次進行研究。她發現一個非常不同的情況，那就是孩子在打鬧間成長還是存在，但那和你家裡說什麼語言沒有關係。在第二次田野中，青少年不再像一九八七年以同樣的方式用語言建構認同；加泰隆語和卡斯提爾語已經失去了標誌性的角色。當伍拉德問起他們怎麼辨識對方時，沒有人把語言當作標誌，他們的回答都是關於風格：衣服、音樂和其他青少年關注的焦點。換句話說，作為一種語言，加泰隆語已經變得更加匿名，這是任何人都可以接受的。作為一種認同，它向任何選擇接受它的人開放，而最重要的條件是致力維持認同本身的獨特性。「我們在這邊沒有什麼問題。」伍拉德一次又一次聽到這句話。[27]

伍拉德意識到這種溫暖的話語想掩蓋什麼；加泰隆尼亞的情況比這更加複雜，我們也聽到當地卡斯提爾語使用者說他們感覺自在、被接受，但他們仍感覺到邊緣化，更不用說最近從非洲等地湧入加泰隆尼亞的移民潮了。不過無論是從微觀的人際關係層面，或是國家政治層面，這種轉變都值得注意。二〇〇六年至二〇一〇年的加泰隆尼亞政府主席來自安達盧西亞的工人階級家庭；他不太會說加泰隆語，經常因此受到嘲笑。然而，他確實成為了主席。從二〇一〇年開始，加泰隆尼亞人開始爭取獨立，在二〇一二年九月，超過一百五十萬人走上巴塞隆納街頭遊行，要求「決定自己未來的權力」。標語上寫著「加泰隆尼亞，歐洲的新國家」。但在那場遊行以及隨後的活動中，不僅是土生土長的孩子以傳統民族主義的方式站在隊伍前，以卡斯提爾語為母語的人也站在他們身邊。

今日的馬什皮

一九七六年的法庭案件並不是馬什皮部落議會的終結。他們繼續堅持，而到了二〇〇七年聯邦終於承認他們是一個部落，受印第安事務局管轄。印第安事務局在「最終決定」中長篇大論地引用了一九七〇年代的法律案例，並與當時的意見相反，認為文化獨特性並非認可是否為獨特社群的必要標準。在這方面，「最終決定」對抗辯時提供的專家證據進行了直率的評估：既不重要也不現實。不重要，是因為印第安事務局的規定「沒有要求申請人保持『文化獨特性』才能成為印第安部落或社群」；不現實，是因為對文化的期望要求它沒有任何改變。在這一點上，「最終決定」尤其對一位歷史學家的專業觀點表示懷疑（當初得到法官的贊同，並得到陪審團的支持）：這個觀點「要求保持不變的文化，包括對傳統宗教的維護，和根本上脫離非印第安社會的完全社會自主性」。[28]

二〇〇一年，一位著名的法律人類學家發表一篇關於文化及權利的論文，其中她指出了一個令人困惑的情況。[29]一方面來說，在學術界中文化總是不斷變化且流動已是普遍接受的科學事實。學術界早就認可我們對權利的理解會改變、調整和擴張，而聯合國也是。自一九四八年強調個人的《世界人權宣言》發布後，國際社會就以包括兒童、婦女和原住民社群在內更具體的分類身分，批准了一系列的宣言和公約。然而另一方面，儘管獲得了這些不同的認可，在基於權利的社會運動和政策制定中，還是經常把文化和權利視為對立且一成不變的。

我不知道印第安事務局關於馬什皮最後判決的作者是否讀過很多人類學文化理論，但任何人類學教師看到有人指責印第安人必須有「不變的文化」才能被認為是獨立社群、有群體為基礎的權利時，都會欣喜若狂。

文化絕不是馬什皮的社群意識和認同感所附帶的東西。自一九七〇年代部落議會成立以來，一直將文化放在首位和中心，以爭取主權和承認。一九九三年，有項語言復振計畫啟動了，它的成立者說：「語言復振是修復文化損失及痛苦循環的一種方式。能夠理解語言和使用語言，代表能像我們家族幾百年來一樣的方式看待世界。這只是一條讓我們與我們人民、土地及造物主賦予我們的哲學及真理保持聯繫的道路。」[30]二〇〇九年，部落議會成立了語言部門，目的在「認可語言在保護人民習俗、文化及精神福祉方面的角色」。[31]我們可能會在各方面看到原真性的語言意識形態。如果是這樣的話，它也代表原真性必須主動培養，它不會憑空出現。

第七章
權威

一九七一年，當安妮特．韋納（Annette Weiner）追隨已故偉大的馬凌諾斯基的腳步，第一次到達初步蘭群島時，她對馬凌諾斯基陳述和分析中兜不起來的地方感到詫異。所有這類人物都有其批評者，而所有的人類學表述也都是片面的——即使像馬凌諾斯基在書中那種絕對自信的聲音並不這麼認為。但如果我們認為馬凌諾斯基的表述是詳盡且具有權威的，我們就錯了。韋納明確指出，它剔除了初步蘭群島生活的重要面向，包括許多和婦女有關的領域。[1]閱讀馬凌諾斯基的文章，你或許會認為初步蘭群島婦女與生產及交換的領域無關。他的重點都放在庫拉圈和圍繞庫拉圈的次級交換，而這些交換都是由男人進行。

事實上，你或許會認為初步蘭群島的案例只是確認了有關性別角色的常見刻板印象：男人生產，女人繁殖；男主外，女主內；男人做「文化」的事（例如政治和工作），女人負責「自然」的事（例如撫養小孩和烹飪）。但你錯了。在初步蘭群島的案例中，韋納指出這種思維的幾個問題。其一是它並未描述實際情況，女人也負責生產：她們用芭蕉葉和纖維製作衣服，同時也控制它的流通。這種布料非常珍貴，因為它對維持強大的母系社會及政治穩定性至關重要（初步蘭群島是母系社會）。母系親屬去世時，女性會分配布料財富，來解決逝者在一生中累積的社會債務。理想上，這種布料是嶄新且未使用過的（相對於庫拉圈裡的物品會因年紀和流通而增加價值），因為嶄新象徵著母系的純潔。雖然布料不是一種直接的政治或經濟權威，但它的確為婦女提供了重要的主體形式和自主權。換句話說，性別關係的階序並不像看上去那樣固定不變。

韋納提出的另一點是馬凌諾斯基再現了他自己成長過程中的偏見。也就是說，他的論述是以男性為中心的。韋納寫道：「對我來說，我在初步蘭群島上的第一個疑問是，如果男人也生產並交換女人的芭蕉葉財富，馬凌諾斯基會不會忽視它？」[2]就民族誌權威而言，重要的是注意「土著」可能有不只一種觀點的事實。在本書中，我曾提過馬凌諾斯基對人類學使命提出的著名總結：呈現「土著觀點」。雖然沒有那麼琅琅上口又乾脆，我們現在可以了解，更好的總結應該是「**土著們的觀點**」。不只是馬凌諾斯基以一九二二年風格的代名詞闡述的「**他對他的世界的看法**」，她的看法也很重要。

我想用人類學的機制開始這一章的內容，而不是它的發現，或說是它的呈現方式。這一點很重要，因為說到對「權威」的關注時，除了討論在社會及文化生活的總體動態中該如何加以定位和理解之外，人類學在考慮自身權威時，總是表現得最好。

在這方面，馬凌諾斯基給我們上了一堂精彩的實例教學。他華麗的辭藻和自信的行文，幾乎讓人無法懷疑他論述的權威性。但諷刺的是，我們在此也看到「民族誌權威」這種權威形式，如何強化了關於權威本身所持的假設。

「女人的問題」

初步蘭群島的布料生產只是故事的開始。正如韋納所指出的，我們在民族誌紀錄中發現，從部落首領的斗篷和席子、皇室的長袍、神職人員的祭服到死者的神聖裹屍布，通常都是政治權威和權力的重要象徵。總的來說，是女人創造了這一切。初步蘭群島的案例事實上相對微不足道。在玻里尼西亞和太平洋的許多地方，布料都是權力、聲望或權威的主要象徵。莫斯認為每個禮物都因其「精神」（在著名的毛利人範例中，這種精神即是「豪」）要求回報。韋納提出要理解這個觀點，我們必須理解毛利人斗篷的政治重要性，就像庫拉珍寶本身也有某種人格和能動性。[3]

然而，撇開所謂片面觀點不說，我們目前看到的許多民族誌確實迴避了父權占主導地位的問題。是的，馬凌諾斯基在他的分析中忽略了女性，但即使是韋納也指出，相較於男性，女性透過布料生產過程享有的權威和主體性依然受限。或是想想榮譽和恥辱，這通常有明顯的性別面向：男人贏得榮譽，而女人失去榮譽。像是巴蘇托族牛的奧祕，女人在這方面便不那麼重要。巴蘇托族男人利用牛的神祕性伸張他們在家戶及社群裡的權威。有人可能想起聘禮的概念，牛的奧祕有很大一部分就在聘禮之上。從維多利亞時代的傳教士到近代女性主義運動中的許多批評者都將這比作視女人為可以買賣的商品。但母系親屬制度呢？這無疑是由女性定義的權威形式。不過在你閱讀有關母系社會的政治關係論述之後，也可以認為這其實是在承認不同的男性在掌權：不是女人的丈夫，而是他們的兄弟。那麼更一般的「血液」呢？我們已經討論過血液是生命力和生命的強大象徵，它也和女性汙染、危險及死亡有關。「現代」瓦西馬婆羅門女性重新定義了經期隔離及禁忌的程度和範圍，但隔離的行為還是保留了下來。而且，許多女性也堅持這麼做。

那麼，文化最終總是會成為父權制度嗎？女性只是第二性嗎？

簡單來說，不；較長一點的回答是：這些是錯誤的問題。這兩個答案都無意否認或淡化男性用許多方式掩蓋女性的社會角色和地位——更不用說女性本身。它也不是在掩飾權力經常存在的醜陋面。關於「不」這個簡單的回答，是為了表明我們不能將性別關係自然化；憑著人類學的良知，並且基於民族誌證據，我們不能說庫拉圈或牛的奧祕，甚至是推動《唐頓莊園》劇情的習俗和繼承法都表明一項事實，即男人總是已經處於或最終總會處於優勢。

至於「這些是錯誤的問題」這個答案，我們要考慮兩點。一是簡單的觀點問題，價值政治如何形塑我們對權威、聲望和權力的評估。如果我們把布料生產放在論述的中心會如何呢？或是撫養孩子？或者就此而言，大多數地方的大多數小學老師都是女性呢？如果某個地方存在「父權體系」，或者在我們心裡，它反映出類似於前幾章所說在歐洲傳教士和非洲人的相遇時所產生的事情：意識的殖民化。

第二點比較不那麼直接，但可能更重要。因為在某些情況下，它不是觀點問題，而是是否真實存在任何可感知的固定事物的問題。對某些人類學家而言，假設「男」和「女」是棋盤上的人物，他們和我們一樣在玩同一個遊戲，或者被困在同一個鬥爭之中，便是錯誤所在。

許多人類學家都提出了這個論點，其中瑪麗蓮·史翠山的作品影響深遠。她在一九八八年出版的作品《禮物的性別：美拉尼西亞的女性問題和社會問題》（*The Gender of the Gift: Problems with Women and Problems with Society in Melanesia*）將這個論點具體化。史翠山在副標題所說的「問題」與西方分析家對美拉尼西亞性別關係所做的假設有關。這些分析家包括人類學家、女性主義者，還有最重要的女性主義人類學家。對史翠山來說，許多西方對性別關係及男性對女性的支配的批評並沒有考慮到土著觀點，無論是男或女。事實上，史翠山希望我們擺脫這個立場的隱喻，因為它假設我們能分類的所有差異都基於相同的基礎。

在接下來大部分內容中，我想專注討論觀點問題。在兩個例子中（對埃及伊斯蘭教令〔fatwa〕的研究，以及對仄翁〔Chewong〕採集狩獵群體的研究）我們能發現呼應史翠山看法的觀點。那麼，我們先回到聘禮的行為上，因為這一定會引起某種與「女性問題」相對的權威問題。

性別與世代

聘禮（bride wealth）是一方（通常是男性家長或親屬）在結婚時給予另一方（通常是女性家長或親屬）的特定物品（通常不只是日常意義上的商品或金錢，也包括特殊物品）。正如我說過的，「聘禮」這個詞或許會讓某些當代讀者覺得這是一個對事實上是把女性當作商品的政治正確委婉說法。在早期，這確實偶爾會被稱為「聘金」（bride price），似乎是一個更加誠實的標籤。然而，早在一九三一年，知名人類學者伊凡－普里查就建議不再採用「聘金」這個詞，因為它帶有很大的誤導性。*他的建議的脈絡來自一本重要期刊中進行了兩年多的辯論，其中提出了幾個可能的詞語，有一些非常奇怪。伊凡－普里查認為「聘禮」是最好的詞彙，他也很高興在任何情況下，「聘金」這個說法都沒什麼支持者：

> 至少在某一點上，專家之間似乎相當一致，即不希望保留「聘金」一詞。把這個名詞從民族學文獻中刪除有著充分的理由，因為它頂多只能強調這種財富在經濟上的功能，卻排除了其他重要的社會功能。而且在最糟的情況下，它讓外行人認為這個脈絡中使用的「金額」和常見英語說法的「購買」是同義詞，也因此相信非洲的妻子像歐洲市場上的商品一樣可以買賣。這種無知對非洲人造成的傷害筆墨難以形容。[4]

伊凡－普里查是對的。正如後來的研究強調的那樣，我們不能假設西方對交換、性別關係

* 其實他當時並不出名，後來才漸漸有了名氣。下一章將介紹他的傑出作品。

及社會人格的理解是普世皆然的。必須對每一點都有具體的了解，才能夠知道聘禮是女性從屬地位、次要地位或商品化的明確象徵。

但這個主題不只如此。因為涉及到權威問題時，聘禮最主要標示出的不是性別差異，而是世代差異。對新娘的關注在幾個方面都具誤導性，尤其是在大多數情況下，聘禮不會留給新娘，而是送給她的父母。事實上，如果我們想找到人類社會不平等的根源，我們應該要思考年紀，而非性別。年長者似乎總是有話語權。此外，在有些情況下，聘禮是賦予女性權力的來源。

以中國的聘禮為例。過去三十年，閻雲翔一直在研究中國東北村莊社會及文化生活的轉變。從廣義上講，這些可以用他所說的「中國社會的個人化」來描述。[5]許多轉變都發生在一九八〇年代，當時中國開始將其經濟往市場路線調整。這種調整日益受到全球化動態的影響，包括想法的流動和個人主義的修辭。閻雲翔也強調，自一九四九年起，中國共產黨實施的政策促成這些轉變，但這往往很諷刺，因為這些政策是基於社群主義和相互關係的社會主義原則。[*]

其中一項政策涉及廢除聘禮。共產黨在一九五〇年代禁止婚姻裡的金錢往來。對共產黨員而言，聘禮是種落後的傳統做法，阻擋了社會主義的現代化。共產黨希望將社會連結從大家庭轉為理想的核心家庭，國家在其中可以扮演更重要的角色。另一個因素是「孝順」的傳統。在中國儒家思想占主導地位的地方，孝道的理想尤為重要，要求人們服從父母。這意味著不僅要尊重他們的意願，在他們年老時照顧他們，人生中的決定（例如嫁娶的對象）也要能反映他們的利益（也就是說，世系的利益）和欲望。然而在強大的主導性國家下，這種價值觀顯然可能分裂忠誠度。事實上，對共產黨而言，他們的目標是用人類學家所稱的「孝道民族主義」取代孝順。[6]正如我們已經注意到的，政治領導人經常鼓勵以親屬的角度來思考國家。

聘禮在中國並沒有消亡。一九五〇年代，聘禮被宣布為非法之後，當地人想出新的婚姻交易範疇來迴避正式的禁令。但共產黨的宣傳活動發揮了影響力。在文革期間，這種做法的結構被迫發生了重要的轉變。為了減輕政治壓力和審查監督，一九七〇年代的家庭開始把聘禮轉移給新娘本人，這種從新娘家族轉至新娘個人的改變，因日後市場化和全球化的影響而日益增加。到了一九九〇年代，閻雲翔研究的村莊裡，年輕女性已經有來自自由、選擇和權利的修辭的新詞彙來表明她們的立場。支持她們的還有共產黨四十年來挑戰傳統家庭正當性以及曾經無

* 中國長時間的一胎化政策（現已廢除）也屬於這類政策，雖然就閻雲翔所研究的村莊來說，這個政策對家庭動態的影響並不如城市那麼明顯。芬蘭人類學家安妮．坎耶努斯（Anni Kajanus，二〇一五）也指出一胎化政策讓都市家庭對女孩的教育投注大量心力。

庸置疑的孝道思想的努力。

透過共產主義和資本原則的奇異結合——毛主席和米爾頓・傅利曼的影響似乎是一致的——聘禮成為一種工具，年輕女性可以透過它主張並行使真正的權力。首先，年輕人對婚嫁對象有更大的發言權。這項統計很驚人。在一九五〇年代，閻雲翔所研究的村莊裡有百分之七十三的婚姻是長輩安排的；到了一九九〇年代，沒有一個是如此。[7]但根據閻雲翔的說法，新娘的複雜程式中有一個新面向更值得注意。在一九九〇年代和二〇〇〇年代的不同時期，閻雲翔觀察到準新娘與未來的婆家針對聘禮討價還價，更不用說家庭支持的流動方向了。孝道沒有消失，但它被「父母之心」的理念抵銷——父母及另一半的家長在某些情況下屈從於孩子的欲望及要求。

在閻雲翔的研究中，有個二十二歲的女性案例特別突出。她無禮地和公婆談判，以至於村裡的人認為她很自私，但她不在乎。她告訴閻雲翔：「走著瞧。我有個可愛的兒子，兩頭乳牛，家裡的現代化家電，還有個會聽我話的老公！我公婆尊重我，經常幫我做家事，如果我沒有個性，我不可能擁有這一切。我們村裡的女孩都崇拜我。」[8]

這是「自私」嗎？這是觀點問題。一方面，雖然我們沒有聽到這個表現特別良好的丈夫怎麼說，但新郎通常完全支持新娘的強硬策略，因為他也能因此受惠。這些新的婚姻形式變化是為了支持夫婦，而非個人。不同的團體單位——核心家庭——已經和古老的父系氏族一起變化。此外，這種夫妻在生兒子的問題上經常不會辜負非常「傳統」的期望，其中最主要的期望是認為丈夫和父親（及他的父母）都是父系的延續。

閻雲翔本人也對這種新世代的出現表達出一種失落感和類似遺憾的情緒。但另一種詮釋認為，面對經濟和政治重大變化時，這種權威的轉變是為了努力過著有道德的生活。[9]然而，這也再次表現出現代化的努力經常以看似違反直覺預期的方式，持續依賴傳統帶來的一切。

從生到死

我們不僅能在婚姻習俗的領域中，透過人格的重塑看見現代化的誘惑。事實上，不僅僅是在活人的領域，連死人也有它的角色。

聘禮只是共產黨努力消除的許多「落後」習俗之一。更廣泛地說，許多儀式形式都成了改革標的，一部分是因為它們瓜分了忠誠性（儀式和宗教暗示著比共產黨更高的權威形式），另一部分是因為它們的情感衝擊——以響亮的音樂、舞蹈、個人物品或號哭為標誌——挫敗了理性的社會主義農民理想。

就像聘禮一樣，在共產黨統治的前幾十年，儀式性的哀悼也承受巨大的壓力。在中國許多地方，喪禮及服喪期間經常會表現出儀式性的哀悼。對外人來說，這些哀悼或許很容易被視為是由一群女性不受控制的過度哭泣和哀號（這個特別的儀式工作經常是由女性負責）。事實上，哀悼是經過精心調整、有結構且充滿詩意的表達形式。哀歌是處理悲傷極好的方式，不只是對表演者，對其他的服喪者也是如此。外來的觀察者有時會質疑眼淚的真誠性。那些女人真的有那麼難過嗎？的確不是所有人都非常難過，但這是因為哀悼的治療價值只是它的一部分，哀悼也是一種表達對更廣大社會或政治處境的集體憂慮的工具，允許人們透過死亡事件表達出擔憂和批評（這也是共產黨不喜歡這種哀悼的另一個原因）。然而，比這種世俗擔憂更重要的是，哀悼是儀式的一部分，表現出對祖先的尊敬，以及他們對宇宙事物秩序的理解。用這些方式，他們讓死亡變得「美好」。

讓死亡變得美好的欲望很常見，不只是在讓共產黨官員難堪的農民案例中才能看到。舉例來說，這也是為何美國政府花費重金找回越戰中捐軀的士兵遺體。國家和家庭一樣都想讓遺體回國，因為在美國的文化體系中（實際上在大多數文化體系中），適當地處理遺體是處理失去、讓亡者安息的關鍵。（就政府而言，它還代表國家權力和權威。）同樣地，在智利的失蹤案或在倫敦、巴斯或曼谷郊區的兒童撕票案中，家人總是想找回死者遺體。沒有遺體，讓死亡變好的過程總是不完整，總是會被鬼魂困擾。

回到中國的儀式性哀悼，我們可以看到在傳統上，它不只是為了逝者，事實上，在幾個重要面向，逝者的個體性在哀悼的過程中被最小化了。艾里克・穆格勒（Erik Mueggler）於一九九〇年代早期在雲南省鄉村山谷中的田野工作，看到的便是如此。*和全國其他地方一樣，一九九〇年代雲南人可以公開重溫和復興某些傳統文化，許多當地人都找回了長久以來被貶低的喪禮哀悼傳統，想盡可能地恢復舊有的方式。原真性和忠實性是很重要的，表示著哀悼大大貶低了個體的重要性。在穆格勒對哀悼的分析中，他發現了大量強調社會和家庭角色的隱喻和意象。[10]這種口傳詩歌的形式和專屬個人的回憶格格不入。在此重要的是「社會關係的傳統組裝」。[11]

穆格勒二〇一一年回到雲南時，他發現一個非常不同的情況。哀悼還是很受歡迎及受到重視，但它們的目的和重點已經徹底改變了。相似於閻雲翔在這個國家另一邊的發現，在中國西

---

* 雲南離閻雲翔研究聘禮行為變遷的田野地很遠。事實上，穆格勒的研究對象不是漢族，而是屬於藏緬語系、被稱為彝族的少數民族。即使「彝族」這個名稱也存在疑問，因為這是中國政府對一大群人貼上的標籤，並不是其中所有人的集體認同。

南方，穆格勒發現受到國家層面的經濟改革及全球化動態的影響，想要邁向現代化的欲望使得對個人性的追求被推到顯著地位。現在，哀悼更多是關於個人，關於當地彝族如何藉由對逝者性格的關注和特定的回憶及影響人生的事件，來標示他們的現代性。哀悼的藝術也變了。最強而有力的展演不在於技術和技巧，而是發自內心的情感。在二十一世紀，是真誠讓這些儀式變得有效，而不是禮儀形式的能力。

儀式和權威／儀式中的權威

此時很適合停下來思考儀式的一些基礎。人類學家喜歡研究儀式，因為他們認為它包含了一張關於他們正在探索的更大領域的地圖。破解了儀式就能破解文化。不是所有人類學家都這麼想，但許多人確實認為如此。不過，我想納入這類儀式研究，並且更著重於它們在權威運作方式上能告訴我們什麼。[12]

儀式通常需要大場面或表演。有些儀式比其他儀式更多彩多姿、更令人愉快也比較喧鬧，但它們都有著某些讓它們區隔於日常生活之外的標誌方式。許多人類學者評論過這種戲劇性質，很大程度上是因為它引起權威性的問題。在儀式中，是誰說了算？或是什麼東西說了算？目的又是什麼？

這些問題的答案還沒有共識。總的來說，人類學家的答案可以形成一道光譜。光譜的一端認為儀式完全是關於權威的：它是傳統的工具，一種當權者用來約束人們的工具；另一端認為儀式可以帶來能動性——它是人類創造力和批判的載體，是讓真正變革得以實現、真正意見得以表達的手段。

大多數人類學家都同意儀式的特徵在於它的獨立性。當你看到儀式時，你會知道它是個儀式。人們會做出異於平常的事，像是跳舞或哭泣；或是用不尋常的方式做平常的事，例如用唱歌的聲音說話，或是用手肘和膝蓋移動。儀式通常還以人們的穿著（或根本不穿）為標誌：特殊服裝、濃妝豔抹、昂貴且不切實際的頭飾、面具或珠寶。

就文化交流而言，這些儀式特徵傳達了後設層次的訊息：「這裡發生的事告訴我們有關事物秩序的重要訊息。」換句話說，如果你想理解儀式的「意義」，不要局限於人們說了什麼或做了什麼；也要想想他們怎麼說、怎麼做。

儀式和權威、和人們的定位有關，這種觀點不難理解。當你參加一個儀式時，你可以感覺到傳統帶來的壓力，你個人存在的事實——思想、感覺和意見——都被集體需求掩蓋。當然，對許多人來說，珍貴的正是這種感覺，屬於更大事物的一部分，甚至比生命更大的事物。不過，如果你曾經：一、參加過英國國教的禮拜儀式，或是二、在運動賽事中唱國歌，而你一、不是基督徒，或二、不是民族主義者或愛國者，你或許會對自己說：等等，一、這不是我，但我在這裡，唱著讚美上帝的詩歌，還說「阿門，上帝請憐憫我們」，或是，等等，二、我不確定這是〈天佑女王〉，還是〈星條旗之歌〉。

儀式發揮權威的一種方式——也就是它規訓參與者的方式——正是在於使用一套固定的劇本：正式的祈禱、禮拜儀式和國歌等等。這個傳統中最傑出的儀式理論家莫里斯・布洛赫（Maurice Bloch）以一種令人難忘的方式說明這一點：「你不能和一首歌爭論。」[13]

然而，固定的劇本和固定的行為模式——跪在祭壇前，做出合十手印（Namaskara或Namaste）的姿勢（一種對高位者的印度教問候方式），在新郎新娘走出教堂時向他們撒白米——都有一種重要的其他功能。它將這個行動本身的權威置於超越展演的個人之外的地方。在儀式中，你不能臨時編造故事。當人類學家問參與者他們為什麼做某些事時——你為什麼要畫三次十字？薩滿的臉為什麼要塗成白色？男孩們為什麼要隔離三天？——答案經常是「因為事情就是這樣做的」。或是更直截了當地說「我不知道」或是「喔，你得問薩滿」。這似乎是人類學家不得不問的問題，即使答案幾乎毫無用處——除非它能證明正在進行的是一場儀式，而其「作者」已迷失在權威的迷霧之中。布洛赫將之稱為儀式的「遵從」（deference）。[14]以英國國教禮拜為例。看看他們的《公禱書》，其中沒有署名。誰寫的？誰是權威？不是牧師。站在會眾面前的牧師只是一個人。是的，他受過訓練，被授予聖職，非常虔誠。但你不會看著他或她，認為他們說出口的話是自己想出來的。例如牧師說：「好，在我看來，耶和華是全能的神。」會眾可能會一哄而散。言語的權威超越個人，具有永恆或至高無上的性質。儀式越依賴永恆，或者代表超越此時此地的事物，就越有權威感。

重複也可以發揮這個作用。並不是你說得越多，就越可能成真（雖然我們常常這麼認為）。重複能在說話的內容和說話的人之間創造一個間隔。從重要的意義上來說，它讓言語「感覺客觀」，因此不再帶有個人的目的和意見。儀式行為也該如此。儀式經常包含重複行為，在某些情況下，儀式的成功與否取決於這些行為能否正確執行——不一定要真誠或帶著信仰地執行它們。這種重複的效果在於弱化執行者的主體性，甚至可以再現更大的宇宙秩序或階序。

權威和穩定性之間有很強的聯繫，許多儀式的重點在於維持現況——通常是透過一系列充滿象徵意義的有序、重複的事物。舉例來說，這通常是喪禮和葬禮儀式的重點。死亡是對社會的破壞，撕裂了這個社會。喪禮是修補裂痕的行動的一部分，不只就其療癒價值而言，也在於它展現生命如何戰勝死亡的象徵手段。喪禮中的意象經常在於生命的再生：輪迴、再生和重生的象徵。[15]食物、酒精和生殖是這幅意象的主要內容。此外，因為喪禮和葬禮儀式經常遵循一套共同的形式，它們各自的進行提供了一個額外的功能，那就是讓社會秩序維持穩定。同樣的事一再展演出來，傳達的是連續性。

喪禮也是一種通過儀式，這是一種人類學家非常感興趣的特殊儀式。割禮、婚禮和喪禮都是通過儀式，它們讓人的地位發生改變：兒童變為成人；未婚成為已婚；生者變成亡者。所以，儀式不只用來維持現狀，或是維護社會秩序的連續性，它們對改變社會位置，甚至是個人或群體的構成也至關重要。

某些類型的儀式中（包括許多通過儀式），權威也透過特定的語言使用展現出來。在儀式中，字詞可以有能做出它們所說的事情的力量。想想一些眾所周知的例子：「我現在宣布你們成為夫妻。」「我在此判處你終生監禁。」從一個更模糊（也更受爭論）的意義上而言，佛教徒為了開悟而重複唸誦的真言也能列入其中。這些言說行為都是哲學家約翰・奧斯汀（John Austin）所說的「言外之力」（illocutionary force）。[16]奧斯汀的想法在人類學中很受歡迎，這在很大程度上是因為它有助於解釋語言成為行動的「魔力」。*

這種魔力通常是現代國家權力運作的核心。政治依賴儀式，就像我們能想像得到最壯觀、奇特的宗教傳統一樣。當儀式運作出錯時，這一點尤其明顯。以歐巴馬的第一次總統就職典禮為例。在他於二〇〇九年一月的宣誓就職儀式上，言外之力的重要性變得十分顯著。從總統候選人轉變為總統，歐巴馬必須在最高法院首席大法官的主持下宣誓。在這個儀式行動的過程中，大法官宣讀誓詞時順序略有錯誤，導致歐巴馬在重複誓詞時有些結巴。有些歐巴馬的顧問擔心這意味著他不是真正的總統；他們很擔心他的政治對手會提出這一點。因此，為了避免質疑，以及白宮顧問所說的「要非常謹慎，因為有一個詞的順序不對」，他們在就職典禮的第二天又重讀了一次誓言。忠於劇本真的很重要，一切都要在正確的位置上。[17]

歐巴馬**真**的必須重新宣誓嗎？除了它帶來的觀感外，這裡沒有「真的」必須這麼做的理由。奧斯汀稱此為「確認理解」。[18]換句話說，一個有著言外之力的言說行動的權威取決於它被社會認可的程度。

---

* 言外之力並非儀式語言獨有，它也出現在許多日常互動及交流中。不過在儀式中尤其常見，因為它們通常是為了「做」某件事而被展演出來（嫁娶、埋葬、淨化罪惡、恢復濕婆神像的神力、治療年輕女人的胃痛等等）。

儀式作為一種特殊的脈絡和事件，有助於使權威合法化。大法官第二次主持宣誓儀式時，沒有正式就職典禮的盛況——那些宣告「這是個重要事件」的事物，沒有成千上萬名觀眾，舞臺上沒有過去的總統和政要，沒有艾瑞莎．弗蘭克林（Aretha Franklin）的歌聲，也沒有馬友友的大提琴聲。在第二次宣誓中，大法官只是在接到臨時通知後，於晚上七點後不久溜進白宮，快速地重來一遍，沒有盛況，沒有場景，歐巴馬甚至沒有把手放到聖經上。只有一件事非同尋常，首席大法官仍然穿上他的法袍，他仍然覺得需要透過那些黑禮袍來傳達他有權力和權威執行這件事，而且這是一個需要特別關注和特別力量的特殊時刻。

美國法官的黑袍在這裡也有其意義，因為它們也需要某種「理解」。它們為什麼重要？因為我們假設它們重要。我們說：「因為那是法官穿的衣服。」同樣地，這也是布洛赫所稱的儀式遵從：永恆的傳統，和諸如此類的東西。事實上，美國法院體系並未要求穿著這種長袍。它們是從哪裡來的？似乎沒人有肯定的答案，但有個故事是，美國第三任總統湯馬斯．傑弗遜（Thomas Jefferson）建議他們穿簡單的黑袍，以區別於英國司法機構更複雜的長袍。[19]這可被視為對權威不同的理解和態度。在大英帝國，我們能發現對差異和等級的誇大；這鞏固了長久以來一直是英國社會和政治核心的階序邏輯。在新美國，我們承認差異的價值，但根據平等原則，差異被最小化，因此所有法官都穿著簡單的黑袍和同樣的打扮。

是的，儀式確實有許多規訓效果，能塑造我們的行為、反應以及對生命過程的理解。但儘管如此，我們也知道這種標準化的、被規定出來的和標誌出來的行為——儀式——經常也是創造力的來源，能創造出新事物。

我們已經討論過這樣的例子。中國共產黨幾十年來努力壓制雲南省的傳統喪禮，但仍不能熄滅人們對某種美好死亡的渴望。就像大多數社群一樣，彝族人認為這種儀式是社會生活正常運轉的核心。傳統被壓制，但沒有被遺忘，而一旦有空間再次展演它時，就會加以執行。根本上來說，這意味著對形式的忠誠，以應該的方式來處理它。

我們可能會把這種忠誠視為儀式控制我們的力量之證據——換句話說，它剝奪了我們的主體性、選擇和思考。然而，我們也知道二十年後這絕對不會是「相同」的儀式。在一九九〇年代，哀悼反映出事物普遍的秩序：親子間的關係是透過精心設計但又一般的語意對稱的詩句表現出來；雙方為彼此承受的苦痛形式反映出世代的無盡循環。彝族不會對某一個母親哀悼，他們哀悼的是母職本身。到了二〇一一年，雖然這些哀悼依賴的形式結構和模式仍大致相同，它們已融入新的意象而逐漸轉變，更加反映出當地對個體性、人生故事及個人悲傷真誠性的重新評估。在二〇一一年，穆格勒聽到的不是抽象的母親和女兒，而是臨終之時備受折磨的母親（「我從腳痛到頭」），某個女兒的悲傷（「我對著高山訴說我的悲傷／山上的松樹用風傳來回應」），甚至是當時的政治評論（「現在政府政策已經改善／來不及給母親吃好的／來不及給母親穿好的」）。[20]

矛盾的是，有時看似最受限制的時刻，卻能看見人們運用批判的能力和創新的力量。你可以與歌爭論。或者，至少，以歌爭論。

權威授權

關注儀式的形式和結構可以告訴我們很多關於權威的機制，即使權威在不同層面上似乎有不同的來源。在某些情況下，儀式權威是某種超然的事物——它可以歸結成言語和行為的特徵，一種永恆、令人安慰卻又控制一切的感覺。在其他情況下，這是很平凡的事——就像彝族直苴村谷地某個女子的哀悼。她是一個與母親不尋常地親密的女兒，對政府的憤怒讓她不顧一切地批判經濟發展的緩慢步調。但即使是這種平凡的例子，也需要其他因素存在才可以成立：全球化的影響，以及社群內想以「現代」條件來真誠哀悼之欲望的培養。

想了解為什麼採用某些儀式——或組織，或宗教傳統，或政治領袖，或農婦——沒有固定的公式或確切的方法。這不只是關於機制的問題，也不只是「權力」的問題，例如槍桿後的力量、關進監獄的威脅，甚至是控制退休金支付的權力。這些都是強大國家擁有的權威形式。但我們知道這種力量不總是有效的，即使中國共產黨也無法事事如願，而它確實領導著一個非常強大的國家。權威從來不只是直接構想出來的力量或權力的問題。中國聘禮和喪禮哀悼的持續進行甚至是興盛就是證明。

那麼，要理解權威，我們也須理解其合法性的本質。我們必須了解為什麼人們會接受某種形式的權威，而不接受其他形式。權威的力量從何而來？

為了思考這個問題，我們要討論侯賽因·阿里·阿格拉馬（Hussein Ali Agrama）在埃及進行的人類學研究。該研究探討了人們對兩個重要機構截然不同的態度：民事法庭（personal status court）及伊斯蘭教令委員會（Fatwa Council）[21]。民事法庭處理家庭問題，包括結婚、離婚、贍養和繼承；伊斯蘭教令委員會處理相似的問題，不過很多其他問題也可以尋求它的意見。

除了它們所處理的問題之外，法庭和委員會是相似的，它們都是國家機構。或許更重要的是，兩者都受伊斯蘭法管轄。在媒體上，這通常被稱為「伊斯蘭法」（sharia law），但將伊斯蘭法局限於西方意義上的法律是錯誤的。雖然它的確包含某些規則和規範的期待，但從根本上來說，它注重的是該作為哪一種人的倫理問題。伊斯蘭法是虔誠穆斯林必須走的「道路」。

不過，法庭和委員會確實有些不同。以它們的法律地位來說，伊斯蘭法不能被簡化為「法律」概念，但民事法庭是由伊斯蘭法透過法律來管理的，它們的判決和裁決得到法律的認可。伊斯蘭教令委員會則不然。換句話說，法庭是正式法律體系的一部分，其判決具有約束力，而伊斯蘭教令委員會僅僅是諮詢機構。伊斯蘭教令沒有法律約束力，而事實上教長（sheikh）一般而言也不會這麼提出。

西方對伊斯蘭教令有許多誤解。自一九八九年起，阿亞圖拉．柯梅尼（Ayatollah Khomeini）發布一項教令，要求處死作家薩爾曼．魯西迪（Salman Rushdie），這個詞就讓人聯想一個憤怒的神職人員公開宣布支持一種不自由的「政治性伊斯蘭教」（正如現在許多人所說的）。自九一一事件之後，這種聯想變得更加生動。

然而大多數教令不是這樣的。簡而言之，它們是教長所提出的意見或建議，而這些人經常是受過訓練的伊斯蘭教學者（mufti）。大部分的教令是當人們想知道如何遵循伊斯蘭法做個好的穆斯林時會去尋求的對象。換句話說，教令經常是非常私人的，專屬於尋求答案的個人生活或情境。埃及伊斯蘭教令委員會的任務事實上就是幫助普通人處理日常事務（而非譴責小說家）。

阿格拉馬在二〇〇〇年代早期曾在開羅花了兩年時間研究民事法庭和伊斯蘭教令委員會。在這段期間，他注意到一個有趣的模式。兩個組織都在處理各種家庭問題，但委員會卻比法庭更受歡迎，評價也更正面。此外，雖然教令提供的意見和建議沒有約束性，但比起法庭的正式、法律上可執行的裁決，他們更傾向遵循教令的建議，即使教令違反尋求者的利益或欲望也是如此。一般來說，如果有人不喜歡教長提供的教令建議，他們可以去諮詢另一個教長。但在阿格拉馬的經驗裡，這種事鮮少發生。有一次，一個家庭因和親戚對土地的繼承有了激烈爭論，他們即使得付出高昂的代價，也仍然遵循教長提出的教令。

阿格拉馬的發現裡還有個更值得注意的地方，即教長在應用伊斯蘭法時的彈性。教長聆聽，但他們也發問。他們想盡可能了解情況，也試圖衡量個人。這個來尋求教令的人是否冷靜？那個來尋求教令的人真的有悔意嗎？因此很可能兩個有相同問題的人卻有截然不同的建議。一對離婚後尋求和解的夫妻可能會得到可以或不可以的答案，端視情況和這對男女（或其中一方）的舉止而定。同一個教長可能會採取不同的態度和方法；某些情況下他可能嚴厲，其他時候會開玩笑，又有些時候會責罵，全都視情況而定。

所提出的建議也很有彈性。如果是關於道德和生活的混亂，有時候教長會採取兩害相權取其輕的方法。在阿格拉馬觀察到的一個案例中，教長告訴一位和同一名女子通姦兩次的年輕男人，如果未來他又想這麼做，他應該「做祕密的事」（即手淫）。年輕男人很驚訝，因為手淫是應受譴責的行為（*makruh*），但教長說，是的，但通姦是禁止的（*haram*），是更糟的行為。[22]這種建議尤其值得注意，因為人們普遍認為教長對提出的建議負有一定的責任。教令開創了一種關係，一種將教長和尋求教令者聯繫在一起的關係。

阿格拉馬的教令人類學研究討論了人類學紀錄裡常見的問題和動態，且超越了對宗教虔誠的關懷。每當我們思考權威問題時，我們也在思考倫理問題。教令顯然是關於倫理的，它們幫助穆斯林處理生活上的問題，而埃及的伊斯蘭教令委員會之所以獲得權威，是因為它在一定程度上促進了「倫理修養之旅」。[23]民事法庭則沒有這種功能。

從倫理的角度思考權威，有助於理解人們行為的方式，他們為何要遵從某個組織，而不是其他組織，還有為何某些價值是重要或至高無上的。我想在第九章再回頭討論倫理，它在近幾年成為人類學研究的重要領域。但在本章的最後，我想回到有關權威問題的人類學紀錄中，一個近乎神話的案例來探討上述觀點。這個測試極限的案例是平權社會，在這種社會中唯一的權威通常根本不存在。

國家與無國家

路易斯・亨利・摩根不僅出於對血緣和姻親的興趣而研究了伊羅奎族的親屬關係，他也著迷於政治權威在母系體系中如何運作。誰負責做決定，基於什麼理由？對社會進化論者來說，這些是計算文化發展階段的重要問題。在社會進化論失去舞臺之後，這些問題仍然引起人類學家的興趣。不管上述對中國及埃及的研究是針對親屬人類學或宗教人類學，它們都對政治人類學做出了貢獻。更具體地說，是對國家人類學的貢獻。

人類學家理解政治組織和權威時，國家總是扮演重要的角色。長久以來——其實直到一九七〇年代——國家一直是個中心參照點。在那之前，若談到政治組織，人類學家經常將社會分解成兩種類型：「國家」或「無國家」。依程度可能又會有不同的分類。若閱讀文獻，你會找到「原始國家」、「現代國家」、「複雜國家」等說法。無國家狀態也有其自身的多樣性。在一份以非洲政治體系為重點的經典研究中，編者將之區分為：一、政治權威係基於親屬關係，特別是世系的社會，以及二、「政治關係與親屬關係緊密相連，且親屬結構和政治組織完全融合的社會」。[24]今日多數人類學家會避免融合的想法，因為它表明有一種稱為「政治」的東西，和一種稱為「親屬」的東西可以融合在一起。從我們對於血液的討論中，可以知道親屬和政治不是這樣的「東西」。

無論是否融合，「無國家」的第二個條件是權威和權力的運作，這一點更發人深省。正是在這樣的文化裡，我們發現人類中最接近平權主義的東西。在一些小型採集狩獵社會中，權威和歧視不容易被發現。

仄翁人是馬來半島上一個小型原住民族群，屬於馬來西亞原生的「原住民」群體（Orang Asli）之一。挪威人類學家西涅·豪厄爾（Signe Howell）在一九七〇年代晚期及一九八〇年代早期兩次到那裡進行田野工作，花了二十個月和他們一起在熱帶雨林中生活。[25]

至少在一九八〇年代中期之前，仄翁人是那種最後現代、非維多利亞時代的人類學家也能感受到一絲驚奇的社會。*除了一九三〇年代曾有名英國公園管理員駐紮於此外，在豪厄爾的田野工作之前，沒有外人和他們一起生活過，他們和外面的接觸也很少。對豪厄爾來說，人類學的所有方法幾乎都沒有用——不過研究此類偏遠族群時，這種狀況並非前所未聞。

豪厄爾的敘述能讓我們一瞥自己的過去嗎？不。能窺見樸實純粹的人性本質嗎？不。但它的確幫助我們理解人類學家有時稱為「激進他異性」（radical alterity）的可能性。仄翁人的生活方式截然不同，不存在階序、地位和權威。社會關係是平權的，自主性受到高度重視。[26]就像埃薩埃賈人不願意在足球中獲勝，仄翁人也積極避免競爭。如果有人在某項任務中表現更好——因為身體力量、靈巧等因素——也永遠不會得到評論或強調。孩子們也不玩競爭性遊戲。他們的性和性別角色有區別，但不是以階序的方式安排。此外，仄翁人的神話和宇宙觀強調男女平等，在他們的創世神話中，兩性是同時以同樣的方式創造出來的，男女都要參與撫養小孩，母親會教導父親如何哺餵母乳。在日常生活中，這種公平性和對育兒的平等參與包含兩個階段，由男女輪流負責。男性在懷孕期間透過性交來哺育孩子，直到孩子出生，每次性交都為胎兒提供精液。從詞彙上來說，精液等同於乳汁，被認為對嬰兒的發育至關重要。在出生後由女性接手，以乳房提供母乳。在懷孕期間，男女都要遵守同樣的食物禁忌。[27]

對仄翁人來說，就像其他採集狩獵社會一樣，階序和權威與其說是令人厭惡，不如說是無

* 馬來西亞政府於一九八〇年代中期將仄翁人安置在村莊裡。許多國家都有這種國家支持的計畫，包括波札那和納米比亞，也就是桑人（San）（包括納羅人〔Naro〕、朱何安人〔Jul'hoan〕等）居住的地方。這些定居和遷居往往是被迫的，也經常出現強烈的抵抗。

法想像。*他們傳統的生活方式有助於我們理解之前勾勒的史翠山的論點：我們自己的分類範疇——以及倫理計畫——在理解他者時是有限制的。仄翁人不存在權威的問題，而史翠山所謂「女人的問題」似乎也不存在。如果史翠山是試圖在用美拉尼西亞人理解自己會成為什麼的「獨特本質」來平衡西方女性主義者針對女性從屬地位的批評，在豪厄爾的研究中，這種平衡似乎完全沒有必要。

* 有時它是令人厭惡但也可以想像的。對坦尚尼亞的哈德札人（Hadza，屬採集狩獵社會）而言，次要的權威形式的確存在，比如名義上的群體「領袖」。然而，這些領導者的權威受幾個因素影響，包括群體成員的流動性和財產權的缺乏。人們沒有必然的歸屬，也無法累積聲望或權力。哈德札人與其他非洲平權社會的例子是詹姆斯·伍德柏恩（James Woodburn，一九八二）一篇開創性文章的主題。

第八章
思考

我們已經說過很多關於土著觀點的事，這絕對是人類學研究中最常見的總結。但還有另一個總結，而且也有悠久的傳統：土著如何思考。不是透過眼睛，而是心智。不是人們如何看待事物，而是他們如何思考。

這不是非此即彼的問題。事實上，人類學所有先驅都以某種方式關注思考。對馬凌諾斯基而言，對想法和心智的重視或許是最重要的事。在他的想法中，擁有觀點就是擁有意見；便是擁有想法，會以特定的方式「看待」事物。鮑亞士的文化眼鏡（*Kulturbrille*）也是如此。是的，在他的文化理解中，知覺很重要，但心智和心理能力是互補的關係。他在一九一一年出版的《原始人的心智》（*The Mind of Primitive Man*）明確指出這一點；此外，在他所有作品中，這是最容易理解的一本，其中強調了他認為對公眾來說應該知道的重要事情。這種對思想的研究投入也支持一項人類學學說：人類的心理一致性。人類學家從不認為可以把文化、感官與心智分離。我們都在世界之中，世界也在我們之中。

現在我們該解決思想和認知的問題了，而我想從對一些不同人類學研究的綜合評述來做這件事。這些研究都在處理「土著如何思考」的問題，也都提出了一些人類學中更具哲學性且令人頭痛的問題。說到思考，我們經常發現人類學會將它和另一個更令人生畏的字詞放在一起：現實。我們先來討論現實是如何與語言及思想聯繫在一起的。

想像有兩個油桶，一個標示著「空」，另一個沒有。哪一個比較危險？

早在一九三〇年代，康乃狄克州一位火災安全檢查員發現，工廠和倉庫裡處理油桶的人經常會假設裝滿的油桶比較危險，會更小心對待。他們會停止抽菸，展現輕拿輕放等動作。不過，事實上，空桶更危險，因為在沒有汽油的時候，裡面可能會保留高度易燃易爆的氣體。在「空」桶周圍抽菸，很可能會引起爆炸。檢查員做出結論，問題在於桶子的標籤。他說，如果標示為「空」，工人很容易將這個詞的意義延伸去評斷面前的危險程度。「空」在這個脈絡中代表「沒有」，我們也會認為槍膛全空的槍和空口威脅不會帶來什麼危險。但在這裡，語言誤導了我們，因為語言錯了，它帶來虛假的安全感。正如這位檢查員所寫的：「我們總是假設我們的群體所做的語言分析比實際情況更能反映現實。」[1]

提出問題的檢查員名為班傑明・李・沃夫（Benjamin Lee Whorf）。除了非常擅長哈特福火災保險公司（Hartford Fire Insurance Company）的工作之外，他也是位傑出的語言學家及業餘人類學家。在他語言人類學的研究中，沃夫或許比該學科其他人更加認為語言、思想和現實是緊密交織的。語言不是看清世界的一扇明窗，思想也不是獨立於世界的過程。這難道不是說**我們在世界之中，世界在我們之中嗎？**

思考和語言

沃夫不在康乃狄克州出差處理消防安全時，就是在研究霍皮人（Hopi）的文法和詞彙、馬雅象形文字及古阿茲特克語。他是個才華洋溢並且大部分是自學成才的語言學家，雖然師承了同樣也是該領域先驅的鮑亞士學生薩皮爾。沃夫在耶魯大學教了一年書，而薩皮爾也在那裡擔任教授。

在他一九三九年發表的最著名論文〈習慣性思想和行為與語言的關係〉中，沃夫提出語言結構形塑我們在世界裡感知和行為的方式。他以一套如上述來自保險業工作經驗的例子來簡單說明這一點。但沃夫的結論卻更深遠，遠超過語言符號（空桶）和客觀狀態（空桶＝滿是高度易燃氣體的桶子）的人為錯誤配對個別案例。就其本身而言，它表現出美國人的語言意識形態；他們（太過？）相信文字。沃夫的意思是，語言塑造了我們的現實體驗，我們對時空的理解。

沃夫為了證明他的觀點，比較了霍皮人以及他所謂「標準歐語」（Standard Average European, SAE）對時空的表達。他認為若想了解語言如何形塑行為和現實的體驗，須將不同語系並列在一起看（在此案例中即是猶他－阿茲特克語系和印歐語系），研究英語和德語之間有趣的微小差異是沒有用的。這樣比較語言時，便可以看到空間和物理隱喻在標準歐語中有多重要。而且這一點非常明顯，因為在霍皮語中幾乎完全不存在。

標準歐語幾乎將一切都客體化了。在英語中，我們用同樣的方式對待椅子和日子，兩者都可以來十份：「我有十張椅子。」「我有十天時間粉刷房屋。」但「十天」和「十張椅子」截然不同，因為一天是時間長度，是作為一件事情來測量的。但它不是像椅子一樣的東西。霍皮人似乎比標準歐語使用者更能識別這一點。在霍皮語裡，沒有和日子相對等的事物。在霍皮語裡不能說「十天」，而是要用關係來表示這個算法。你得用順序形式表達「十」，讓它成為一種關係。所以在英語中你會說「他們待了十天」，但在霍皮語你會說，「他們在第十天後離開。」沃夫對這個模式所提供的另一個範例是關於時間週期的階段。以夏季為例，在標準歐語中季節是根據天文曆法，能標示出起迄日（在二〇一六年的北半球是六月二十日到九月二十二日）。在霍皮語裡，「夏天」是熱的感受；只有溫暖的日子才是夏天，所以如果最熱的一天是五月二十三日和九月二十九日——根據公曆——那就是夏天，也就是沃夫所謂「高溫發生之時」。此外，在霍皮語中，你不會用限定詞來標示夏天，你會用副詞。所以你不會說「這個夏天」，而是「現在夏天」。

因此，標準歐語是一種語言結構，使說話者傾向將主觀經驗客體化，例如時間。在霍皮族語中則沒有這種傾向。時間、事件和人之間的連結更具關聯性和主觀性。

這並不是說地球自轉、日升日落和我們所理解的一天無關，也不是說霍皮人不理解每一天都會帶來新的黎明。* 但每個語言結構都有一種理解現實的方式，這種方式會影響行為和思考模式。

沃夫在書中對手勢的使用還舉了一個小例子。標準歐語使用者經常利用手部和身體動作，尤其是說到抽象主題，例如正義或愛，這是因為他們非常強調客體化，就好像動作有助於將想

---

* 這點非常重要。我們知道在任何一個文化中，人們對時間的理解和體驗不只一種（Munn，一九九二）。此外，線性時間和因果關係的基本理解是認知的普遍特徵（Bloch，二〇一二）。人類學家還沒有發現一個文化是其中的人會先吃煮熟的雞蛋，然後才開始煮雞蛋。

法具體化。霍皮人則很少使用手勢。

在最近的一項研究中，我們看到空間的分類會塑造對周圍環境的感知。[2]在澳洲原住民社群庫克薩優里（Kuuk Thaayorre）中，空間是由基本詞彙定義的，沒有使用相對詞彙。對以英語為母語的人來說，相對詞彙很常見。在區分兩棵樹時，一個人很可能會說出「左邊這棵樹」或「右邊這棵樹」。當然，這假設了主體的特定位置——但話說回來，以英語為母語的人經常假設他們為主體的位置才是最重要的！所以從技術角度來說，這是相對的空間差異（這是絕對個體的意識形態）。同樣一位英語使用者也有可能會配合方位座標，說出「東方那棵樹」或「西方那棵樹」。但只有技術專家才會提供這樣的精準度：像是樹木醫生，或是在森林裡為你指路的陸軍偵察兵。在庫克薩優里人中，語言上的區別總是方位性的，即使是在最瑣碎和最特殊的事情上。所以你不會說：「你的左臉沾到油漆了。」你會說：「你西方的臉頰沾到油漆了。」就情感和行為而言，這表示庫克薩優里人在任何時候都更關注自己的位置；他們是優秀的領航員和定向員。

在沃夫的作品中，還有一個更重要、潛在影響更深遠的例子，是霍皮人對「預備行為」的愛好。這部分是源於他們對時間的態度，反映在語言上。他說，霍皮人進行播種這類重要活動前會做精心的準備，這可以包括一系列的事情，從私下的祈禱和冥想，反省這個活動本身，到公開宣告（由一個叫「公告酋長」的特殊人物傳達）以及不同形式的實踐，其中可能包括象徵性的同理動作，例如跑步和其他高強度運動（好讓穀物「強壯」）。此外，這些行動被認為會影響事件。為一次重要的旅行或播種做好準備可以增加成功率。對霍皮人而言，思想是一種世界之中的力量，能「到處留下影響的痕跡」。[3]

雖然沃夫和莫斯的研究計畫之間沒有直接聯繫，但不難看出沃夫所描述的霍皮語言及文化與莫斯對所謂「古代社會」交換的理解有關。回想一下，在庫拉圈文化中，或是在毛利文化中，許多物品被認為具有主權和個性——本質上正如沃夫所說：「到處留下影響的痕跡。」禮物是互惠的，因為它們包括了給予者的精神（毛利語中的「豪」），它們要求回報。這些是對世界的理解，在此之中有生命的和無生命的，個人和非個人的，精神和物質的界線比現代西方社會的架構還要容易滲透。事實上，有人會說標準歐語的結構在西方交換的意識形態中扮演重要角色。這屬於從一開始就讓一切變得像是物品一樣的邏輯，而不是像個人。這是西方人對客體化偏好的另一個面向。

這是否有助於解釋西方的資本主義發展？標準歐語的結構中是否因事物的價值越來越輕易可以客體化及量化（從我們付出的勞動力到流逝的時間），從而幫助經濟體系發展？甚至是愛？沃夫沒有做出如此全面的結論，他也沒說語言是形塑思考模式和行為的**唯一**因素。[4]他的批評者經常誤解這一點。但語言確實是一個因素，而沃夫的確有足夠的信心，來對西方文化自中世紀以來語言、經濟和科學相互構成的發展提出具洞察力的反思。他寫道：「工業和貿易對測量的需求、測量及重量單位的標準化、時鐘和『時間』測量工具的發明、紀錄、記載、編年和歷史的保存、數學還有數學和科學之合作的發展，所有這些都一同帶領我們的思想和語言世界進入現代的形式。」[5]

如果我們想釐清人們如何理解事物，思考語言相對性的原則會非常有用。我們已經知道，只要「相對性」這個詞出現時，它的批評者就會強烈抗議，認為它缺乏底線，或擔心它代表任何事都會發生。然而，正如我在討論倫理道德議題時說過的，討論語言時，重要的是了解這套原則不代表我們可以沒有底線。沃夫的出發點是現實，不是加上強調引號的「現實」——他很滿意真正的現實。沃夫非常了解現實；畢竟，他是個保險員。如果汽油桶裡有氣體，它可能會爆炸，不管那個汽油桶在部落村莊裡，或是新英格蘭工廠的商店地板上。但很顯然地，我們如何用語言解讀這個東西是危險的，可能會帶來重大的影響。

「我們是鸚鵡」

語言、思想和現實另一個讓人感興趣的面向在於意義和理解。這就要提到長久以來人類學的研究興趣：人們所說有時看似奇異或古怪的事物。人類學家總是對聽來值得注意的說法感興趣，其中一些經典說法像是「我們是鸚鵡」（巴西波洛洛人〔Bororo〕）和「雙胞胎是鳥」（尼羅河流域的努爾人）；在某些情況下，努爾人也會把黃瓜說成是牛。這些經典的案例在近代也都能找到對等的例子；像是莫三比克的馬孔代人（Makonde）會說獅子是人，而亞馬遜的阿拉維特人（Araweté）也說美洲豹是人（還有許多動物也被說成人——儘管不是全部）。這些案例幾乎都提出了爭議性問題，有時甚至引發了激烈的政治爭議。其中最著名的是在一七七九年，夏威夷人殺害庫克船長時，他們是否認為船長是他們的神——羅諾（Lono）的化身。人類學普遍對某些思考用語或說話方式感興趣，不一定是像「我們是鸚鵡」這類引人注意的用詞，而是與超自然、神祕或奧祕有關的廣泛說法。我曾在不只一場人類學討論會中聽到宇宙蜘蛛、巫術妖精的活動、脂肪小偷、吸血鬼等名詞，也聽說索羅門群島有個地下軍隊（即駐紮在地下的神祕軍隊），象牙海岸阿必尚（Abidjan）的年輕人認為湯米．席爾菲格（Tommy

Hilfiger）品牌的衣服有神祕的力量，亞利桑那州的新時代探索者在熱火朝天的集會中，從塞多納（Sedona）之中和四周的能量線獲得能量和啟發。

在我們更深入討論之前，有一點很重要，那就是人類學家從不問彼此他們是否「相信」宇宙蜘蛛、吸血鬼或能量線——他們是否認為這些東西是真實的。舉例來說，在那場關於宇宙蜘蛛的討論會上（在中國西南舉辦），問與答環節裡沒人提出：「不好意思，你到底在說什麼？」如果沒什麼社交手腕的人提出這樣的問題，即使是很禮貌的發問，最常見的回應也是訴諸「社會事實」。也就是說，無論是真是假，它都能讓我們知道那群人如何了解這個世界並在其中行動。我自己在辛巴威花了十八個月的時間研究一間每週舉行驅魔儀式的教堂。我觀察了幾十次儀式。我不覺得自己是神學家、哲學家或捉鬼人。我在那裡是為了知道展演、了解、見證這些儀式的人，如何將附身融入他們關於人觀、道德、身體福祉、殖民統治遺緒，和基督教倫理的更廣大理解中。這些都不須知道鬼魂是否為鬼魂。

然而，這不是故事的全部，我們也無法依此解決更重要的問題，即人類學能教給我們什麼關於思考和現實的事。在列舉了一系列有時被稱為「明顯不合理的信念」後，我想回到一開始，從那些比其他人更加仔細推敲字詞的波洛洛人開始。[6]

波洛洛人住在巴西和玻利維亞之間的亞馬遜盆地地區，自德國民族學家兼醫師卡爾・馮登施泰因（Karl von den Steinen）在一八八〇年代兩次前往巴西中部進行研究考察以來，他們一直是人類學研究的主題。馮登施泰因報導波洛洛人說「我們是鸚鵡」，這句話在一九五〇年代被學科裡每個重要人物評論過：詹姆斯・弗雷澤（James Frazer）、涂爾幹、莫斯、馬凌諾斯基、伊凡－普里查、李維史陀、葛茲等；他們對波洛洛是鸚鵡這件事都有些意見。從那之後，人們對他們的興趣越來越少，但仍然存在。

如同你或許會猜測的，這不是承認波洛洛人富有詩意那麼簡單。我們可能很容易理解像「我們是鸚鵡」這樣的修辭手段，但最早的人類學家不是這樣理解的。他們相信，當波洛洛這樣的人說這些話的時候——這些「原始」人——指的就是字面上的語意。

在維多利亞時代的世界和十九世紀末的法國，使用比喻思維和語言的能力被認為是進化發展的另一個標誌。正如泰勒和同代人看待親屬體系、政治組織等一樣，他們在做出評估時也會考慮心智和心理能力。在《人類早期歷史和文明發展研究》（*Researches into the Early History of Mankind and the Development of Civilization*）一書中，泰勒表達了他的觀點，認為野蠻人無法理解「主觀連結」（subjective connexions），也就是符號和它所指涉之事物間的象徵連結。他用一個人的肖像畫為例，認為原始民族無法辨認出肖像畫和畫像描繪之真人的差異；兩者被認為是同一整體的一部分，例如，傷害肖像也會傷害那個人。原始民族也被認為用「拜物」來填充他們的世界：把無生命的物體誤認為有生命的力量。（事實上，對泰勒來說，這種混淆不只存在於野蠻人；就連羅馬天主教徒也因為他們的遺物和聖像而落入這個陷阱。）

馮登施泰因碰巧使用了稍微比較合格的觀點。然而，他對字面語意的評論激起了他人的興趣，尤其是法國哲學家呂西安・路維－布留爾（Lucien Lévy-Bruhl），並在一九一〇年發表的重要研究《土著如何思考》（*How Natives Think*）裡闡述了這一點。[*]路維－布留爾和泰勒一樣，認為原始民族無法掌握象徵思考和語言。與泰勒不同的是，路維－布留爾是從他們的角度來表達這個觀點。換句話說，他否認了當代和現代幾乎每個人類學家接受的：心理一致性原則。對路維－布留爾而言，波洛洛不僅僅是社會進化階梯的下層；他們是完全「不同」的人。

《土著如何思考》參考了大量的民族誌資料，但波洛洛的資料（由馮登施泰因搜集）是最重要的。路維－布留爾一次次回到「我們是鸚鵡」這句話，以及馮登施泰因對此的反思。路維－布留爾寫道：「這不是他們給自己的名字，也不是他們聲稱的關係，他們想藉此表達的是其實際認同（actual identity）。」[7]他以他所謂的「參與法則」來解釋這種認同。這指的是一種「原始心理狀態，在這種狀態中，物體、存有事物和現象可以同時是它們本身，也可以是其他事物，儘管這是在某種程度上我們無法理解的」。[8]比起較年輕的同胞莫斯，路維－布留爾在這方面走得更遠。我們已經討論過莫斯認為某些物體可以是「自身和其他東西」，我們甚至可以在西方社會對傳家寶和國家寶藏中辨認出這種思路。隨著參與法則的出現，路維－布留爾對思維的運作提出了更重要的主張，並堅持一種連社會進化論者都沒有分辨出來的差異。

路維－布留爾一直因否認心理一致性而受到批評，即使是那些認為他的研究具有洞察力的人也這麼認為。許多人類學家也指責他誇大了波洛洛人和英國人之間的差異，認為同樣作為土著，前者其實不那麼具有異國情調，而後者沒那麼無趣。反對誇大差異這一點有很多可以論述之處。波洛洛人自稱為鸚鵡的每一個面向，都可能有九個十分「合理」且通常完全不引人注目的主張被提出。

* 原本的法文標題為「*Les Fonctions Mentales dans les Sociétés Inférieures*」。英文版直到一九二六年才出版，英文標題中的「土著」一詞也反映出盎格魯的偏好，但它無損於法文中對心理和思維的興趣。事實上，法國人類學更熱中於思維研究，等我們討論到李維史陀時會再詳細介紹。

巫術和常識

路維－布留爾的批評者中，最重要的人是伊凡－普里查。他的經典作品《阿贊德的巫術、神諭和魔法》（*Witchcraft, Oracles, and Magic among the Azande*）被認為是用一本書的長度對路維－布留爾最臭名昭著的立場進行反駁。除此之外，這本書是人類學史上的經典著作之一，是每一代人類學學生必讀讀物，至今引發的辯論和興趣遠遠超出了非洲研究的範圍。

伊凡－普里查於一九二〇年代在倫敦經濟學院就讀研究所，並取得博士學位。在開羅和劍橋待了一段時間後，他搬到牛津，在那裡度過了他的學術生涯。他有許多田野研究都在今日的蘇丹和南蘇丹。除了對阿贊德的研究外，他對努爾人的研究也很出名（關於他們對金錢和血液的態度，我們已經討論過一些）。

《巫術、神諭和魔法》在解釋阿贊德社會中這些東西的作用（伊凡－普里查在一九二〇年代晚期在阿贊德）。伊凡－普里查告訴我們，任何在阿贊德住過幾週以上的人都會了解這些東西的重要程度，因為它們是人們日常關注和興趣的核心。災難和不幸被認為是巫術的結果，而神諭和魔法都可以防範或減輕巫術的影響。這三者都很重要且環環相扣，在此我先著重於伊凡－普里查所說的巫術，部分是因為巫術研究是今日人類學的重點。事實上，巫術是民族誌紀錄中另一種看似「傳統」的習俗，並且完全適用於現代的條件。

巫師施行巫術並不奇怪，然而阿贊德巫術中最值得注意的地方是，他們並不在乎巫師。他們對誰是巫師——在抽象層次上——以及什麼是巫師有著詳盡而複雜的理解。男女都可能是巫師；它是父傳子或母傳女的「特徵」（但父女和母子就不行）；它作為一種物質存在於小腸中。伊凡－普里查說阿贊德不在乎巫師，因為人們不一定知道他們是巫師，至少在他們施展巫術時是這樣，部分理由是他們不太強調個人和有邊界的人觀的概念。

巫術存在於話語和它的效果中。人們談論巫術——我們可以說，他們以巫術「思考」——也觀察它的影響。因此，伊凡－普里查視巫術為一種慣用語，一種描述和思考世界的方式，尤其是關於不幸的事件：疾病和死亡、家庭衝突、作物歉收、旅途受挫等。這些都可被理解為巫術的結果。

這不是說阿贊德人不懂物理、化學和生物科學等自然法則的運作，或者更簡單地說，現實世界的運作。伊凡－普里查解釋說，這意味著阿贊德人對事情如何發生和為什麼發生做出了明確的區分；而巫術將這兩者連結在一起。最著名的案例是一個糧倉的倒塌。阿贊德人將穀物放在比地面高一些的糧倉中，以免遭受蟲害和潮濕的影響，並經常在糧倉下乘涼遮蔭。然而，在少數的情況下，糧倉會因為濕度影響或白蟻危害而倒塌，有些阿贊德人因此被埋在一堆穀物之中。阿贊德人非常清楚糧倉是因為潮濕和白蟻而倒塌；但他們自問為什麼在那種情況下，這樣的糧倉會倒塌在這樣的人身上？答案是巫術。那個人因為惹怒或冒犯巫師，才會受到折磨。他或她的行為及福祉都要承受道德關係的後果。

在伊凡－普里查的研究中，一次次地提醒讀者巫術並不存在，它不是真實的。同時，他又一直努力讓阿贊德人不那麼奇特，讓他的西方讀者認為沒那麼特別。他說，是的，它的確奇怪，它違背了某種常識。但他也以一種微妙而禮貌的方式指出，它也是某種常識，而從這個條件來看，對巫術的信仰是完全合理的。他說，它的核心功能是調整人的關係——強化他們的文化價值觀。它也是一套令人欽佩的自然哲學體系；我們不是都在尋找生活中的奇蹟和謎題的原因嗎？「巫術信仰」對人的責任和對自然的理性理解非常一致。 伊凡－普里查甚至一度認為阿贊德人對巫術的形容很像是西方對運氣的形容。這種讓傲慢西方讀者謙遜下來的努力是伊凡－普里查能夠成為一個微妙的分析家的原因。他說得有道理。如果我們坐在糧倉下，而它倒塌了，我們可能會說這是因為運氣不好。我們甚至會像阿贊德人一樣問，為什麼是我們？我們做了什麼才有這種下場？事實上，考慮到這些問題明顯的本質，我認為運氣的觀點可以超越伊凡－普里查意圖的程度。舉例來說，當涉及疾病時，他就會劃清界線，並坦然接受醫學科學的事實。我們知道癌症不是因為沒善待鄰居的結果；我們甚至知道，感染愛滋病毒可能是因為使用另一名海洛因成癮者感染的注射器。在道德層面上，藥物使用和陽性結果並沒有因果關係。然而，愛滋陽性的病患仍需背負汙名；愛滋病的道德壓力是一個社會事實。不論現實基礎為何，都還是有影響。癌症也是如此，它經常招致恥辱，也經常促使人們問：為什麼我要承受這種事？

因此，回到一種老派的說法：「我們」沒有那麼文明，「他們」也沒有那麼原始；我們沒有那麼現代，他們沒有那麼傳統；我們沒有那麼科學，他們沒有那麼神祕；我們沒有那麼理性，他們沒有那麼不理性。「將不幸歸因於巫術並不能排除我們所說的真正原因，而是疊加在它們之上，為社會事件賦予道德價值。」[10]把「巫術」換成「運氣」、「惡行」或甚至「原罪」，你也不會離克里夫蘭或科羅拉多泉太遙遠。

伊凡─普里查將阿贊德人去異國化的努力，屬於人類學家推翻啟蒙運動自己的偶像的一項悠久且傑出的傳統。伊凡─普里查一邊大談常識和破除迷信，一邊也偶爾在作品中暗示要接受魔法世界。在他對阿贊德的巫術研究中，很早就提到阿贊德人說巫術出現時看來像火或光。伊凡─普里查用一如牛津劍橋論文清晰和冷靜的方式寫道：「我只見過一次巫術。」伊凡─普里查有次夜間散步時，看到了一束光，卻找不到它的來源，隔天早上他得知一位鄰居去世了。他說，或許那道光「可能是某人去上廁所時點燃的一把草，但是光移動的方向和後來死亡事件的巧合，很符合阿贊德人的想法」。[11]許多人類學家也對這種可能性抱持開放態度，至少不會公開嘲笑。然而，大多數人絕不會將它付諸文字出版。很多人努力研究——且有著正當理由——認為明顯不理性的信仰、神祕參與的形式、巫術等等在自己的條件下是合理的，甚至在我們的條件下也是如此。

回到波洛洛

關於波洛洛人自稱鸚鵡意味著什麼的學科討論，當然也是朝這個方向發展。在路維—布留爾之後，學者對波洛洛人用語的興趣轉向從比喻的角度來解釋；他們在玩文字遊戲的能力並沒有長時間被否定。例如，李維史陀沒有理會路維—布留爾的結論，他認為這種說法是隱喻性的，並談到圖騰在這種文化中的重要性。然後，在一九七〇年代，人類學家克里斯多福·庫洛克（J. Christopher Crocker）終於對波洛洛進行必要的深入田野研究，填補了一些重要的細節。*

首先，庫洛克告訴我們，只有男人會說他們是鸚鵡，也只有在特定情況才會這麼說。第二，鸚鵡（或更具體地說，紅色金剛鸚鵡）和神靈有關，因為神靈和鸚鵡的顏色都很鮮豔，都會在偏遠懸崖或某些樹的頂端築巢。這部分意味著鸚鵡（所有鸚鵡，不只是紅色金剛鸚鵡），尤其是牠們的羽毛，是儀式展演的重要飾品，而其中許多儀式是由男性帶領的。正因如此，鸚鵡羽毛非常珍貴，男女都會把羽毛收藏在棕櫚樹幹製成的安全容器裡。許多羽毛是從野鳥身上拔下來的，但鸚鵡是被當成寵物飼養——且只有這種動物是寵物。波洛洛人也從巴西人那裡引進了狗、雞和豬，但對這些動物都沒有這種情感。他們喜愛鸚鵡，為牠命名，甚至舉辦葬禮（不像其他動物）。雖然牠們確實遭受了一些侮辱：在村莊的重大儀式之前，這些可愛寵物會被拔掉所有的羽毛，讓牠們至少在短時間會變成「被剝光的可憐骨肉」。[12]顯然，鸚鵡很重要，牠們是一個象徵性的連結，將男人、神靈、集團（氏族）透過複雜的儀式體系聯繫在一起。但還有一個關鍵：所有寵物鸚鵡都由女人擁有。因此，某方面來說，男人也被女人擁

* 在此之前，辯論的基礎是馮登施泰因的早期評論、一些天主教神父的研究，以及李維史陀的著作，其中李維史陀只於一九三〇年代在波洛洛待了幾週。

有。波洛洛是母系社會，也有招贅婚制度（意即男人和妻子家族同住），所以一個男人被拉向兩個方向，兩邊都有各自的義務和依附關係。他在原生家庭要負責照顧姊妹及其小孩，但他也是妻子的丈夫。庫洛克告訴我們，婚姻通常是愛的連結，然而，男人在妻子親屬之中總感覺是個陌生人。他的逃脫方式是透過儀式體系，在其中他扮演了神靈這個重要的角色。關於他們是鸚鵡這件事，男人做出他們和鸚鵡間的隱喻連結，這種連結是基於他們與鳥類共享的幾個特徵。他們和鸚鵡都是儀式的重要部分，但他們也像鸚鵡一樣都是一種寵物，強大也不強大，在掌控之中也在掌控之外。在說「我們是鸚鵡」時，男人想做的是「表達他們陽剛狀態的諷刺意味」。[13]庫洛克的結論並不是這場辯論的最終結論。亞馬遜研究的領軍人物泰倫斯．透納（Terence Turner）不同意庫洛克對隱喻和諷喻的強調；他認為在這裡應該是借代法（synecdoche）——事實上，不只如此，他稱之為「超級借代法」。[14]我就不在這裡花篇幅解釋這段爭論，或是為什麼這是超級借代法。我只想說這是一個出色的分析，但卻迴避了一個問題：然後呢？無論如何，我們現在關注的問題往往只會讓最有天賦和熱忱的文學評論家感到興奮。

但這不僅僅是天花亂墜的學術雜耍。針對借代和諷喻細微之處的爭論，對我們如何理解文化邏輯很重要。注意任何特定群體裡的象徵表達，是學習不只是群體價值，還有成員如何組織知識、進行分類的好方法。在象徵語言中，我們經常要釐清對我們來說什麼重要、什麼不重要，哪些分類有意義、哪些沒有意義，我們理解了什麼，還有什麼仍然不清楚或不完整。

關於這一點，我最喜歡的一個例子非常簡單，但很有說服力。對於在與地中海世界截然不同的地方工作的基督教傳教士來說，有時必須在殖民時期和更遙遠的後殖民時期脈絡中，顛覆聖經中的傳統隱喻和形象。所以對巴布亞紐幾內亞的古胡薩馬內人（Guhu-Samane）而言，「天主的羔羊」變成「上帝的烤豬」。[15]當地人不知道羔羊是什麼，所以為了表現耶穌犧牲的重要性，於是將它轉換成古胡薩馬內人熟知的豬（在美拉尼西亞常被用於獻祭）。這是隱喻和其他修辭手段運作的方式：主謂關係（predication）取決於用你知道的事物（豬的特性和特質）來理解你不知道的事物（耶穌的特性和特質）。這種隱喻的功用是在強調共同的意義和聯繫。當然，耶穌和羔羊或豬在許多方面都是不同的。然而當一個古胡薩馬內人第一次聽說耶穌是上帝的烤豬時，她知道的是耶穌在某方面像那隻動物一樣——尤其是，作為一場重要獻祭的主角。

庫洛克對波洛洛宇宙觀、圖騰、性別關係、親屬體系、儀式生活和寵物飼養的深入了解，讓他能理解——並傳達——波洛洛男人（有時候）說的比喻面向。然而，在此之中還有一個令人困擾的問題，困擾著一些人類學家。那就是假設每個文化對「字面語意」和「比喻含意」的理解是一致的，特別是當我們在試圖理解（「異國風情的」）土著如何思考的時候，難道是沒有危險的嗎？於是我們又回到了現實。

一些人類學家在爭辯理智和理性時，總是會提出這種問題。極端來說，依賴類比（談論巫術就像談論惡運）和文字遊戲（波洛洛男人是在嘲諷）來進行分析，有可能將文化差異降低到不合理的程度。「他們其實和我們一樣」聽來或許尊重人，但它也可能為「意識的殖民」一詞帶來另一種含義。正如一位人類學家所說的，將其他人說的話轉化為精巧的修辭手段，會帶給他們某種「認知上的可敬性」，但若是能「不超譯關於世界的字面含意上的陳述，不管其內容多麼奇怪，而非把它們當作只是心智結構差異展現的另一個例子」也許會更好。[16]有些人類學家這麼做，或者嘗試這麼做。有些甚至一開始就放棄了字面語意和比喻含意的語言；那個框架本身就得依賴某些假設。伊凡－普里查在某些時刻就是這樣，例如在他目睹巫術之光後的反應。當他把注意力從阿贊德人轉回努爾人時（努爾人說雙胞胎是鳥），他試圖把這塑造成一種比喻，但他也指出（並沒有完全忽視）從努爾人的觀點來看，「字面語意」或「比喻含意」都無法真正抓住他們想說的事情。庫洛克在評論中指出，路維－布留爾基於實際認同的觀點對波洛洛的分析其實更加準確——至少在觀點層面上是如此——更勝於李維史陀依賴普同理性的隱喻安全網。

另一種觀點

在過去的二十年裡，與隱喻安全網的瓦解最緊密相關的人類學家是愛德華多・維維羅斯・德卡斯特羅。他是里約熱內盧國家博物館的教授，對阿拉維特人（屬於圖皮—瓜拉尼語系的一個亞馬遜族群）進行了大量的田野研究。*他在一九八六年出版了一本關於阿拉維特人的巨作（英文譯本於一九九二年出版），書中大量引用民族誌資料，將他們與其他美洲印第安人族群聯繫起來。正是這本書，以及他後來於一九九八年發表的一篇文章討論他所謂的「美洲印第安人視角主義」（Amerindian perspectivism），他的方法才真正成為人們關注的焦點。[17]簡單來說，他要我們不要試圖以西方詞彙去理解美洲印第安人，不要用普遍理性或絕對真實所建立的文化差異為他們定位。這種人類學的任務目標並不是要弄清楚土著如何思考。那只是第一步。第二步是像土著一樣思考，至少要到能推翻我們自己常規思考方式的程度。

維維羅斯・德卡斯特羅認為，阿拉維特人及其他美洲印第安族群對宇宙的前提和假設有根

* 阿拉維特人從未如此自稱，這名字是在一九七七年由巴西國家印第安基金會所賦予。他們總是自稱為拜德（bïde），意為「人」。

本上的不同。或許最重要的是，如果我們考慮到美洲印第安人的神話，我們看到的是人類和動物共享一個原始狀態，然而這種條件和在猶太—基督教框架中發現的情況並不完全相同。在那套框架中，人類統治動物，而且有獨特的本質。這也不是我們在天擇演化的科學中發現的狀況，在那套科學中人類是動物，儘管是一種特殊的動物物種，因為獲取文化而獨特。在美洲印第安人的宇宙觀中，「人性」是原始條件，是所有生物共享的。而人類之所以不同，不在他們文化的發展（正如西方觀點，無論這個發展是上天注定還是演化的結果，或兩者皆是），而是自然的發展。在許多美洲印第安人的神話中，我們發現動物失去他們的人性，而在西方神話和科學中，人類在做的事情是超越他們的獸性。為了理解這些原住民的想法，維維羅斯．德卡斯特羅提出，我們需要認真對待這種區別。這裡提出了一件重要的事，那就是人類學以人為中心的方法是基於一套明確的人與非人、文化與自然、主觀與客觀等等的區分，而這種方法既非詳盡無遺，也不是唯一理解事物的方式。

如果動物失去了人性，也不表示牠們會變成盲目的自然界生物。事實上，正如維維羅斯．德卡斯特羅及其他人類學者所說的，美洲印第安人宇宙觀中的一項常見共同特徵是強調「視角主義」。許多動物被認為保留了能動性和自我意識，牠們跟人類一樣擁有「視角」，也有自己的文化世界。這在一定程度上意味著美洲印第安人對世界的看法更加具有關係性和相互聯繫。當他們在思考自己的行為及做法時，會理解並期望其他有知覺的生物也會這麼做。

因此，對阿拉維特人而言，人與非人、主體與客體之間的區別並不像西方構想中那樣明確。維維羅斯．德卡斯特羅指出：「美洲印第安人在自己和偉大的笛卡兒二元論之間保持了很大的距離。」他指的是因笛卡兒而出名的身心二元論。[18]美洲印第安人的世界觀認為一切都是相互連結且相互影響的。與西方或西方化的框架相比，他們的界線和區別更容易被滲透。美洲印第安人的視角主義可作為這個領域中另一位人類學家所說的「關係性非二元論」的例子。[19]一切都是互相關聯的。

維維羅斯．德卡斯特羅擺脫了隱喻安全網，但沒有要擺脫隱喻。他不帶多少歇斯底里或虛偽的態度表示，波洛洛人所說的話必須被視為一種修辭手段，「波洛洛男人和努爾雙胞胎不會飛」，他在關於阿拉維特人的書中證實這一點。[20]同時，他研究了美洲印第安人的視角主義。在這種觀點中，動物以一種很理所當然的方式視自己為人。「這種『視為』名副其實地指的是感知，而非類比上的概念。」[21]換句話說，它不是隱喻，也不是諷喻或超級借代法。

想理解這種兩者兼顧的方法，最好的方式或許是回到這種人類學背後的意圖。這種視角方法超越了馬凌諾斯基和其他人類學家所倡導的——一種土著的思考方式會改變人類學家自身立場的方法。就維維羅斯．德卡斯特羅而言，每個人類學研究計畫應該包含一些不同的東西，這些東西不只挑戰分析的學術詞彙，也重新定義它們的意義和能做的思想工作。依據這個方法，人類學應該總是對奇蹟的可能性持開放態度。[22]在維維羅斯・德卡斯特羅的研究中，關鍵點在於了解美洲印第安人何時會稱自己為鸚鵡，或是美洲豹。我們不應把鸚鵡或美洲豹（僅）視為世界上的動物，用所謂的「名詞」來指涉牠們。*在美洲印第安人的視角中，「美洲豹」更像是一種行為的特質，而不只是一個名詞，「美洲豹」的真正含義更像「成為豹」——就英文看來有點奇怪，但它更能反映事實，即焦點應該在於「動詞的性質，而不是謂詞」。[23]閱讀像維維羅斯・德卡斯特羅等人類學家的作品，就像在閱讀一個挑戰傳統形式的小說作品：例如詹姆斯・喬伊斯（James Joyce）、葛楚・史坦（Gertrude Stein）或大衛・福斯特・華萊士（David Foster Wallace）。除非全心全意投入，讓自己置身到他們的世界，才能真正理解他們想要做什麼。這種情況在那些想用清晰散文寫作的人類學家的著作中更是如此。以史翠山為例，閱讀她的書一開始總是順利的。她的寫作相對直白，而且容易消化，例如她的傑作《禮物的性別》裡的每一句話應該都是可以理解的。但如果你繼續閱讀她一整段看似好讀的句子，你會開始迷失方向。讀完一個章節，你會開始抓耳撓腮。她沒有以正常的方式使用英語；她讓美拉尼西亞影響了英語。她希望讀者可以用不同的方式思考，所以，你必須讓自己沉浸在她散文的邏輯中，才能真正了解她在說什麼。

無論如何，本章列出的所有方法都是為了達到同樣的目的，從特立獨行的語言學家沃夫到相當理性的伊凡－普里查，再到自稱激進的維維羅斯・德卡斯特羅，重點在於我們不能把自己知識的類別和領域視為不言而喻的。事物的秩序有時候是一種存在的流動。對大多數人類學家而言，這相當於對其他生活方式進行分類。然而，對某些人來說，這也開啟了其他生活方式。

暴露的生命

我想再提出最後一個例子，一個遠離亞馬遜叢林和阿贊德潮濕糧倉底部的例子。[24]然而，這是個很有用的例子，不只向我們展示事物的秩序可以徹底重新組合，也告訴我們常識和理解是如何被文化制約——即使在「文化」在字面語意和比喻含意都近乎被消滅的情況下。

＊ 維維羅斯・德卡斯特羅對鸚鵡的著墨不多，但他經常提到美洲豹。在包含阿拉維特在內的許多美洲印第安人的宇宙觀中，美洲豹是重要的生物（人）。例如，在他的書中，他聚焦於一個案例：十六世紀有個酋長告訴德國探險家：「我是美洲豹。」

一九八六年四月的一個午夜，烏克蘭車諾比核反應爐的一個機組發生爆炸，向空中噴出了八公里長的輻射煙塵。這次爆炸起因是工程師的一次拙劣實驗，目的在測試反應爐在沒有蒸氣供應下可以運行多久。接下來的日子裡，蘇聯政府試圖控制局勢。他們試圖熄滅燃燒的石墨芯（在上面傾倒數噸沙子、白雲石和其他滅火物質，但這只會加劇熱度），而克里姆林宮也對此保持沉默，十八天後才公告這場災難，這些行為都讓損害變得更加嚴重。在那段期間，成千上萬的人暴露在放射性碘一三一中，四年內甲狀腺癌的病例激增。蘇聯的努力集中在現場工作的兩百三十七人身上，後來他們全部被帶到莫斯科的一個專業機構。最後，據估計共有六十萬人因核反應爐熔毀而死亡或遭受嚴重的健康問題。

一九九二年，阿德里安娜・派翠娜（Adriana Petryna）開始對車諾比災難進行人類學研究，重點在於科學家、醫學專家、政治人物及最重要的受害者之間的緊密關係網。這些受害者大多是消防員、軍人或受雇去清理現場的工人，其問題在爆炸後很久才出現。派翠娜在蘇聯解體後不久便展開她的田野工作，而烏克蘭作為一個新獨立的後蘇聯國家如何處理這場揮之不去的危機，也是她感興趣的題目。在蘇聯體系崩潰前，一直嚴格限制承認車諾比事件的影響。在新獨立的烏克蘭中，這種限制不再，國家大大降低了承認受害者的門檻。在一九九〇年代，烏克蘭有百分之五的人口，也就是三百五十萬人，要求獲得賠償或特殊形式的國家補助。同一時期，國家年度預算的百分之五用來處理車諾比事件及其後續影響，包括環境和人類問題。烏克蘭近百分之九的領土受到汙染，迄今為止，該區周圍仍劃設三十公里的禁區。

伊凡－普里查告訴我們，他很快就開始像阿贊德人一樣思考：「過了一段時間，我學會他們思考的用語，並和他們一樣在與巫術相關的情況下自動應用巫術概念。」[25]他的觀點很簡單，就是調整我們自己去適應周圍的世界。研究像車諾比這樣的災難進一步表明，這種轉變也可以是社會層面的。它們都是指標性事件，代表生命的脆弱和柔韌，無論是文化或生物學式的生命都是如此。*

正如派翠娜展現的，在烏克蘭，這相當於將屬於一個國家的意義，也就是身為一個公民的意義，做了大規模的重組。向國家索賠，這種行為在「正常」情況下被視為與生俱來的權利或歸化的問題，在此卻被定義為一種受害。派翠娜稱此為「生物公民」。在過去的十年裡，一個人的日常生活——以及從政府那裡得到的任何東西——都取決於一個人對輻射中毒的科學、醫學和法律知識的能力。它需要一種新的語言，新的思考方式及新的常識。

* 人類學家在一九八四年印度波帕爾化學工廠爆炸（見Das，一九九五），還有二〇〇四年印度洋海嘯的研究中也指出這一點。那次海嘯重創了東南亞許多區域，尤其是印尼的亞齊省（見Samuels，二〇一二）。

車諾比災難是一場特別戲劇性、悲慘和明顯的例子，說明文化因素對「土著如何思考」的影響。然而它也提醒我們，這種事件即使是人為的，也不能脫離沃夫所說的現實。不管這個案例有多麼「文化」，它也是非常自然的，非常依賴於自然本身的運作及法則。事實上，我們現在就要來談談自然。

第九章
自然

巴勒斯坦文學批評家愛德華．薩伊德（Edward W. Said）的研究聚焦於殖民主義和帝國。他熱愛西方古典樂，也全心投入學習。正是從對音樂的研究，他在作品中發展出一種特殊風格，即「對位式閱讀」（contrapuntal reading）風格。[1]在音樂理論中，對位互動是旋律線之間的關係和連結。它們是分離的，也可以分離，但把它們加在一起，就成了比它們總和更多的東西。對薩伊德來說，最好的文學批評也要產生相似的東西，不能被簡化為一句話或一個聲音（他認為，閱讀以帝國時代為背景的西方小說時很容易產生這種危險）。

在這本書中，「文化」和「自然」可被視為人類學的旋律線，其對位互動賦予這個學科獨特的特質。可以肯定的是，我們大部分的思考方式會為文化配上重音，而自然則是某種穩定的背景持續音。從我們對血液的處理，到我們上一章對思考的討論，可以看到這種常規在某些情境下會受到挑戰。換句話說，在一些例子中，自然似乎會抬起頭來——無論美醜——表明自己立場。血液不只是一種物質。化學、生物學和物理學的定律很重要。「空」油桶很危險，甲狀腺癌會致命，波洛洛人不會飛。

對許多人類學家來說，自然似乎是一條晦暗的旋律線，他們想盡可能讓它保持無聲。像潘乃德、葛茲和薩林斯這樣的人物因他們積極捍衛文化、社會和歷史特殊性，以及承認現實不是我們可以直接接觸的事物而受到歡迎。在所有情況下，這種熱忱都是由政治立場驅動的，其中最顯著的是薩林斯曾說的「生物學的使用和濫用」[2]，而最嚴重的則是潘乃德、鮑亞士和他們的同事對偽種族科學的討論。

值得注意的是，人類學家對文化有許多定義，對自然卻沒有。我不記得在大學部課程有學過自然的定義，這種定義在現存文獻中很難找到。它們出現的地方通常與文化有關，在某些情況下，甚至是出現在文化的詞彙裡（自然的建構，它的論述特徵等等）。

這種情況非常明顯，以至於最大的人類學家專業協會最近從一百多個關鍵字中刪除了自然。二〇一一年美國人類學會年會中，發表人提交論文時必須使用受限的詞彙，以分類他們的研究興趣，所以你的研究甚至不可用自然為題。[3]行動主義、非洲、邊界、陶器、教育、演化——這差一點就不行了！——清單還有很多，但沒有自然。

你可以說自然的缺席代表人類學的鄙棄，但這不完全準確。我們不該忘記鮑亞士在人類學生涯最初的興趣在研究巴芬蘭德（Baffinland）的環境以及物理學。馬凌諾斯基甚至透過人類生物學而與自然更加緊密相繫：他以生物需求解釋所有文化生活。他提出「功能論」，認為任何族群所有怪異和奇妙的文化行為下，都是由人體的需求及欲望所驅使。即使如此，自然仍一直是個持續音而已。

此常規中一個重要例外是李維史陀。對李維史陀來說，文化的巨大多樣性並非人類學的主要關注點，多樣性背後的事物——他有時候用混亂來形容這一切——才是真正重要的，而它的內部結構是自然的，是心智的。

心智中的李維史陀

李維史陀生於一九〇八年，在一百零一歲生日前夕去世。他大半輩子都住在巴黎，但在巴西和美國的生活也影響了他的發展。一九三〇年代，當時住在巴西的李維史陀開始對人類學產生興趣，在這之前他曾在巴黎索邦大學（Sorbonne）學習法律和哲學。其人類學的教育是在第二次世界大戰期間完成的，那時他大部分時間都流亡在紐約市，在紐約公共圖書館翻遍無數關於南北美原住民的書籍，吸收了鮑亞士的智慧和感性。儘管李維史陀一生都很尊重並使用鮑亞士及其學生的作品，他自己幾乎沒有做過田野工作，只去巴西內部遊覽了幾個月，而那至少在今日不能被稱為田野工作。他在波洛洛待了幾個禮拜，但從沒有學習他們的語言。

雖然我強調田野工作作為一種方法的重要性，而維多利亞時代的安樂椅方法也不再具有信譽，但對李維史陀的討論讓我有機會重申，不是所有人類學家都認為田野工作是這門學科的必要條件。例如在法國仍然有些傳統將田野工作視為次要。在英國傳統中，許多有影響力的文章都是純理論或概念分析。舉例來說，瑪莉．道格拉斯（Mary Douglas）研究非洲的樂勒人（Lele），但她的書中幾乎沒提過他們。她的《潔淨與危險》（*Purity and Danger*）中大多是對舊約聖經的結構主義分析，靈感大多來自很少做田野工作的莫斯和李維史陀，而非將田野工作視為人類學視野中心的馬凌諾斯基。（我非常推薦《潔淨與危險》，那是本很棒的書。）

李維史陀發展了人類學中的結構主義，在這個方法中他借鑑了索緒爾和另一名語言學的重要人物羅曼．雅各布森（Roman Jakobson）（一位流亡紐約的猶太人，他們於一九四〇年代早期在那裡相識）。李維史陀非常欽佩語言學家，他認為人類學也要像他們一樣。他還認為，結構語言學在幾個方面是正確的。首先，它聚焦於所謂語言的「無意識基礎結構」，說者自己可能對此一無所知。第二，它發現意義並不在詞彙本身——「貓就是貓」（喵）——而是在詞彙間的關係——「是貓，不是狗」（喵，不是汪）。第三，這種關係位於一個體系內，它是有秩序且有結構的。最後，它試圖找到一般規律。[4]

如果你閱讀任何結構人類學的文章，會發現它與其他人類學研究大不相同，其中或許沒有那麼多鮮明、活生生的角色，例如奇維什酋長（Chiweshe），或是薩拉索塔（Sarasota）的產科護理師珍妮特。它或許有許多百科全書式的訊息，例如澳洲有袋動物的民俗分類學，它也可能聚焦於神話——結構主義者對神話抱持濃厚興趣，因為它們包含許多「無意識的基礎結構」。不過，別期望會有好看的格林童話出現。但可以期待如同外科解剖般的分析。李維史陀不是個會講故事的人，重點也不是在享受一則精彩的故事；而是要明白被拆解成部分的神話如何訴說它的文化體系內容，甚至是心智運作。事實上，所有這些元素都可以用來支持李維史陀認為思想、認知和分類具有普同結構的想法。

若用別人的話來歸結結構主義，似乎是對李維史陀偉大之處的一種輕視。而且若這樣的總結又是在李維史陀闡述自己立場的一個世紀之前寫下的，那可能更是雪上加霜。但我不是唯一這樣做的人，因為那個人是哲學家奧古斯特．孔德（August Comte），而且李維史陀曾引用他的話作為短篇著作《圖騰》（*Totemism*）的引言。孔德寫道：「最終支配心智世界的邏輯法則就其本質而言基本上是永恆不變的；它們不僅在所有時間和地點是共同的，對所有任何主體也是共同的，甚至我們所說的真實和幻想的事物之間也沒有任何區別；即使在夢裡也能看到它們。」[5]

這基本上就是結構主義的總結。「原始」還是「文明」，波洛洛還是英國人，薩滿還是科學家，在心智結構或認知能力上沒有區別。人類學必須做的是篩選所有重要的差異，以及看似不可逾越的文化鴻溝，以揭示人類處境的普同元素。在他最著名的著作《野性的思維》（*The Savage Mind*）中，李維史陀詳細闡述了這個問題。他總結道，「原始人的心智在邏輯上和我們有相同的意義和方式。」其兩百五十多頁的分析涵蓋一切，從美洲艾草的分類到婆羅洲本南族（Penan）對死者的命名（確認某人與已故親屬的關係），還有現代工程的技術與方法，再到沙特（Jean-Paul Sartre）的哲學。[6]

李維史陀是人類學中少數被視為博物學家的人物，他從未放棄或淡化文化差異的重要性，但他將之置於更基本的認知和思維領域內來理解。布洛赫認為李維史陀是「第一位認真考量思考心智運作之全面影響的必要性的現代人類學家」。[7]

第一位現代人類學家，但不是最後一個，然而對心智的興趣一直是學科內次要的研究主題，至少布洛赫這麼認為。此外，大部分研究都和認知科學有關，而李維史陀本人對這領域興趣其實不大，這有點令人驚訝。對已經成為認知人類學領導人物的布洛赫來說，缺乏認知科學大大削弱了這門學科，也更難釐清人類在自然歷史中的地位。

然而，對許多人類學家來說，問題的癥結在於訴諸自然主義總是有短缺之處。社會進化論幾乎沒有產生持久的價值，甚至多在強調其道德制高點。對許多人類學家而言，李維史陀的研究也沒有持續的影響力，至少不是完整的形式。儘管他的博學無人能及，但在他的研究中經常會出現跳躍式的理解或巧妙的花招：例如很難說明的神話詮釋。對大多數人類學家而言，更嚴重的是結構主義似乎抹除人類能動性讓體系發生真正變化的可能性。薩林斯和布赫迪厄都挑戰了這一點，他們將結構主義重新塑造，納入歷史和人類能動性的考量——一種確實結構化但可以改變的東西。

稍後我想介紹一些認知人類學的研究，還有今日人類學家試圖調和自然焦點和文化焦點的另一種方式。但在這之前，我們可以先談談為什麼自然受到如此的忽視。

自然的限制？

對多數人來說，在大多數時間和地方，自然與文化的界線假如存在，也是模糊的。在許多地方，界線甚至並不存在。這是史翠山在研究美拉尼西亞的重點之一。美拉尼西亞人的想法和西方人不同，例如史翠山在哈根山進行的田野工作，她發現當地居民是根據野生或馴養分類，而非自然或文化。這種分類方式斷開了我們一般對自然與文化界線的理解。舉例來說，人們對豬的理解並不是因為牠們豬的性質——也就是牠們的「動物本質」——而是牠們是野生的或是馴養的。所以我們或許會說「對，某些動物是馴養的或是心愛的寵物，但牠們還是動物，牠們還是自然界的一部分」。這種說法不會出現在哈根人之中。將野生（*rømi*）和自然畫上等號或將馴養（*mbo*）與文化畫上等號是不可能的事情，這是一種截然不同的刻畫世界及其內部關係的方式。

不只哈根人如此，對許多在歷史上生活得非常「貼近自然」的社會而言，這個概念當然沒什麼吸引力或相關性，也沒什麼好驚訝的。如果你大多數時間都和豬在一起，或是在菜園裡，或是在森林裡狩獵，或是捕魚，或是照顧牛隻，自大地將自己歸屬某個文化秩序就不一定有意義。事實上，即使在西方思想傳統裡，堅持自然與文化的二分也是最近才出現的。

這種二分法的當代形式是在十八世紀和十九世紀的過程中形成的。這是一種對自然的理解，所有生物都是相互連結的，但在其中，仍然有個圍繞人類的範疇。在此範疇內，一切都是因為人類的獨特能力才成為可能。這些能力有數種，但最主要的是腦部。人類之所以不同，是因為擁有文化，且有能力創造文化。當然，在許多方面，這涉及到對自然的馴化：栽種某些作物、飼養某些動物，製作藥物、住所和衣物。然而歸根結柢，這段時期的主要結論之一是，自然是一個自主的領域。隨著時間，神的手慢慢抽離了，留下我們面對自然。

在這個意義上，自然必須以現代和現代性的詞彙來理解，隨之而來的是一些聯繫和反對。在自然與文化二分的大傘下，我們也開始從客體和主體、授與和製造、非人和人、被動和主動、無意和有意、內在和超越等方面進行思考。某種程度上，這些區別並不是新創的，甚至不是西方思想中獨有的（即使它們被理解為在西方思想中特別被關照的）。更重要的是，一種相信現代人可以區分二者、維持分野的信念。回想泰勒或路維─布留爾等人的論點，他們對原始心智──前現代心智──的觀點是它混淆並模糊了事物，因為它無法處理這種區隔。它不夠複雜也不夠進化，不足以用清晰的方式處理資訊。現代性的優勢在於它能認識到事物的真正秩序。

但事實並非如此。「現代人」不僅將他們的思維方式強加給其他人──無視阿拉維特人、哈根人、努爾人或甚至漢人的特殊性──他們自己也沒有做到這一點。正如法國人類學家布魯諾．拉圖爾（Bruno Latour）所言，事實上「我們從未現代過」。

在一九九一年出版的一本小書中，拉圖爾以一種罕見的方式震撼了人文科學。《我們從未現代過》（*We Have Never Been Modern*）就像一次講道——對「我們」的勸誡——關於當代西方的失敗和有時極度的虛偽。從科學史到亞馬遜人類學，從氣候變遷（早在一九九一年就成為新聞頭條）到柏林圍牆倒塌，拉圖爾追溯自十七世紀以降我們與過去斷裂的故事——包含了家鄉的傳統或外地的其他生活方式，如何來定義我們是誰。在那個故事中，上帝已死（或至少被排除了），科學興起，民主政治站穩了腳跟，新的世界秩序出現了。在這個秩序中，過去混亂不堪的方式——還有非西方的其他方式——被拋在後面，留下理性和合理的方式處理自然與文化的關係。可以肯定的是，這依然是一種關係，但在其中雙方都應當保持適當的位置不相互擠壓，免得兩者無法區分開來。畢竟，這是我們自己祖先失敗的地方，而這世界還有很多地方仍在繼續這樣做。

拉圖爾認為，這是我們告訴自己的故事，但事實並非如此。我們從未真正讓自然與文化截然二分；我們從未完全放棄魔法的誘惑力來保證科學的地位等等。美國總統的就職典禮就是現代儀式的巔峰，它擷取了自由民主和啟蒙價值的豐富傳統，但也依賴於語言的神奇力量，而這種力量我們或許會以為是在印度教儀式中才能看到的。記得，公事公辦，無關個人。但事實並非如此：我們非常不善於公私分明。禮物是禮物，商品是商品：它們是截然不同的東西。事實上，我們知道事情並非如此。

再舉一個更重要的例子，讓我們回到人和動物的關係：寵物。我們養寵物，寵物是動物，然而你不必是個受過訓練的人類學家或民族學家，就能知道許多養寵物的人——或許是大多數寵物主人，當然也包含良善的寵物主人——用非常人性化的方式照顧他們的動物：為牠們命名，和牠們說話，幫牠們拍照，買東西給牠們（玩具、衣服、保險），瘋狂地寵愛牠們，甚至寵物去世時也陷入深深的哀悼。還有一些人，大多數剛好沒有自己的寵物（尤其是狗，狗顯然是西方世界最好的寵物），認為這種待遇是對自然與文化分界的公然侵犯、是一種非理性的情感流露，將原本該投注給人類的事物（愛、金錢、時間和社交生活）轉向非人類。但如果這些頭腦冷靜的人對待狗或其他動物的態度算是現代的，他們很可能在其他領域卻達不到現代的要求。（或許他們不相信他們的醫生，或是他們向聖人祈禱，或是他們討厭飛行，因為它看來太「不自然」，或是他們只吃自己殺死的動物的肉，而不會買肉，就好像他們應該自己切開動物的關節，磨成肉屑，然後再用塑膠袋包裹。）有時候，我們發現自然與文化的分化壓力最大的，並非現代的後段班，而是它的先鋒。如果你是一個羅馬天主教徒，或是在織自己的襪子，或擁有一個家族企業，不完全現代是預料中的事。但正如我們從一項關於器官捐贈的人類學研究中了解到的，這種二分也會影響醫生和道德哲學家。

心智的死亡

瑪格麗特．洛克（Margaret Lock）是蒙特婁麥基爾大學的醫療人類學家，她最初是研究日本本土醫療的專家，後來才對器官捐贈產生興趣，原因是她發現日本對器官捐贈的爭議和加拿大與美國截然不同。[8]差別在於加拿大和美國不存在真正的爭議，尤其是在醫療技術的進步，以及「腦死」患者越來越普遍的情況下。一旦病患腦死時，便有可能摘下他們健康的器官，因為他們的身體功能讓器官能持續運作。另一方面，洛克注意到日本不僅有很多人反對器官捐贈，也有包括醫療和倫理專家在內的人，拒絕承認一個人的死亡是依據他們的心智能力而定。

洛克告訴我們，在北美，器官捐贈的成功和接受腦死，都歸功於早期將它視為一種終極的禮物的努力：一種「生命的禮物」。[*]雖然這種用詞借用了基督教的慈善觀念和犧牲的傳統，但在現代早期，將死亡從宗教事件轉變為醫療事件，也讓這種事情變得可能。

例如，今日值得注意的是，對於國家來說（美國、加拿大或英國），死亡是由醫生決定，而非牧師決定的。是醫生或醫療機構有法律權力及責任宣告死亡。當然，牧師或宗教人物在喪禮上仍有他的角色。但要記住的是，喪禮上的事無關法律。國家不會要求你舉辦喪禮，而在許多西方脈絡中，任何人都可以舉辦喪禮，不一定是被任命的宗教人物。如果你願意，可以是由你的吉姆叔叔，或是小丑齊普來做。這種「死亡的醫療化」反過來建構我們如何能夠將身體視為身體——它是一個物件，或是物件的集合，包括可以在其他生者體內繼續發揮珍貴作用的器官。

人觀在這裡也很重要，而鑑於我們已經討論過的許多內容，不難理解腦部作為心智的引擎，為何對人觀的定義如此重要。在北美洲，個人主義是至高無上的價值觀，自由、自主和選擇是人們珍惜的——是他們「活著」的目的。思想和良知的自由也是，所以如果一個人無法思考，沒有意識，無法控制自己的身體，無法作為一個自由的行動者，便不是一個擁有充分資格的人。說到腦死，我們使用的隱喻很有說服力，腦死是處於「持續的植物狀態」。在日常生活中，你或許聽親戚說他們寧願死也不要「當個植物人」。或許你自己也這麼覺得，我們在節日晚餐後和所愛之人聊天時會轉向這種生命的重大問題，或是得知社區中某人因車禍受到嚴重腦傷後，也會討論這種事。對許多人來說，做人就是要有思想，有自我意識，能主宰自己的命

＊她聚焦於北美，但她的論點可以延伸到西歐的幾個情境中。

運。在北美，腦死將身體從文化的事物轉變成非文化的。腦死把我們降低到自然狀態，那不是人所處的位置。而在那樣的狀態下，我們能做的最後一件事就是把「生命的禮物」送給其他人。

在日本，不同的價值觀和傳統發揮重大意義。或許不可避免的是，這種理解有部分來自於對日本文化及世界觀完整性和獨特性的長期關注。日本絕對是一個現代國家，它是八國集團經濟體之一，國民識字並受過高等教育，它的技術也很進步——或許比美國或加拿大更加進步創新。然而，它仍是「他者」，它的現代仍被理解和西方影響有關，是受西方影響的結果。不僅文化有助於解釋日本和北美之間的差異，文化政治也是如此。公眾人物在腦死議題中使用「日本傳統」支持「非我即他」的民族主義情感。然而，正如洛克所指出的，以及即使從上面簡短的評述也能了解到的，文化和文化政治也在北美發揮作用，只是在日本的動員比較成功，因此在我們看來，它成了一種常識或事實。但把一個腦死患者想像成一具「活屍」並不是理所當然的事。

洛克指出許多引導日本人態度的價值觀。她說，在日本，死亡不是發生在一瞬間的事，也不是非黑即白的事——死亡是一個過程。更重要的是，大多數日本人不把認知視為人觀的基礎，身體也扮演同樣重要的角色。與此相關的理解即是個體不是自主的，他們是更大的整體的一部分，也就是家庭。在日本，家庭，甚至是家庭裡的個體都不願意接受死亡是分裂的，或是脫離集體的。最後，雖然日本的醫學專業既成熟又發達，它仍不像北美一樣獲得應有的聲望和權威。死亡尚未完全醫療化，身體也沒有相應地自然化，因此人們很難將心臟、肝臟或腎臟視為類似「東西」的事物。洛克甚至發現有些醫療專業人士淡化了他們做此類決定的權力。有一名醫師告訴她：「我不覺得我們真的了解死亡時腦部發生的事。就我而言，只有醫生才能理解的死亡並不是死亡。」[9]

正如我們在黎巴嫩看到的新生殖技術（參見第五章），一台呼吸機、一碗冰和一間手術室便足以提出有關自然與文化、生與死之間界線的基本問題。「活屍」的想法是一個完美的例子，可以說明為何拉圖爾說我們從未現代過。對多數人來說，這是一個矛盾的詞彙組合。一具沒有死的死屍（拉圖爾稱之為混合狀態）。當我們對「死亡」這樣在自然和生物學上明確的事有了清晰的理解後，理解就會發生轉變，死亡不再是過去的樣子。而科技的進步和倫理學的新爭論將確保它在未來一段很長的時間內能被重塑和重新定義。從醫學進步的角度來看，「自然和文化之間的分界能否得到解決是值得懷疑的」。[10]

科學／科幻

人類學對採用自然抱持懷疑態度的另一個原因，來自某些學者過於隨意地對待他們得到的科學權威。科學家當然受到高度尊重。英國二〇一五年一份民調將「醫生」列為最受信任的專業人員，科學家排名第四，老師及法官分列第二、三名（理髮師排在第五名）。[11]在美國相似的調查中，護理師、藥師和醫生位列前三，隨後是高中教師。[12]記住，醫生、護理師和藥師受過生物學、化學和藥學的訓練，顯然科學是個具有美德和價值的傑出領域。

我曾在某些時候稱人類學為一門科學，事實也的確如此，但它是一門社會科學，而非自然科學。（有時候它被稱為「軟科學」，而非「硬科學」。）它的社會價值因此較低；它的主題是文化和社會一類的事物，它必然被視為是主觀或詮釋的，至少在自然科學或硬科學看來並不客觀。事實上，今日許多社會文化人類學家不認為他們所做是一門科學，許多人覺得在哲學家或歷史學家之中更自在，而不是生物學家或地質學家。早在一九五〇年，伊凡－普里查即批評人類學是一門科學的想法，轉而主張它是歷史模型。

我們已經討論了像鮑亞士這類人物如何批評社會進化論是糟糕的科學。它之所以糟糕，是因為：一、錯誤地試圖將人類文化當作人體來對待；二、對科學作為萬物的終極答案投注固執、有時甚至令人尷尬的讚揚。社會進化論者試圖將方釘放入圓孔中，而他們這麼做的時候幾乎沒有任何批判意識。鮑亞士或馬凌諾斯基都沒有放棄科學模型；事實上，馬凌諾斯基對科學的過分恭維幾乎可以和泰勒或史賓賽媲美。但是在二十世紀的過程中，人類學家越來越明白，對科學客觀性的主張必須加以限制。在某些情況下，這些主張甚至被視為狂妄的，因為所有的知識——關於身體、世界或宇宙的運作——都和文化有關。

如今，如果你和物理學家交談，他們可能不會用「客觀性」來描述他們所做的事。就此而言，許多物理學家或多或少放棄了真實的概念。相似地，結構工程師、化學家及遺傳學家，當然還有許多科學家時常知道他們的研究不是在文化真空的環境中進行的，實證知識也不會自己跑出來閃閃發亮。此外，我認識的人類學家中沒有一個是反科技者，或認為青黴素是一種「社會事實」或「文化建構」的人，或不穿戴適當防護服就去照顧伊波拉病毒患者的人，或不欣賞冰箱和飛機旅行的力量及便利的人，或者，就此而言，不在乎氣候科學清楚地告訴我們冰箱和飛機旅行對環境帶來的影響。然而，對於生物學、文化和人性等重要問題，科學的社會權威性會導致盲點、奇怪的描述，以及有時完全淪於想像。

書寫「生命的事實」一直是個難題。一九九一年，人類學家艾米莉・馬丁（Emily

Martin）發表一篇關於人類生殖的文章，她檢視美國生物學教科書中如何將文化主導的性別角色和刻板印象映射到卵子和精子的生殖角色上。[13]這是一篇出色且驚人的描述，說明多少性別甚至性別歧視的語言可用來建立對科學紀錄的理解。這是一個典型案例，說明文化思維如何塑造我們對「自然」的理解。

馬丁發現，幾乎所有教科書都用積極正面的角度看待男性對生殖的貢獻，而用負面角度看待女性的貢獻——從來沒有相反的情況。她發現，標準課文中最令人困惑的是對卵子生成過程的描述不足。有本教科書甚至直截了當地說這是「浪費」。卵巢大約能產生七百萬個卵細胞，但在女性一生中，的確只有四百至五百個卵子會成熟並釋出。好吧。然而，與精子相比，這只是滄海一粟。謹慎地估計，一個男人一天之中會產生一億個精子，一生中超過兩兆個精子，然而教科書中從未描述這是種浪費，也沒說它奇怪。若有提及，也只是將它視為男性生產力的表現。但如果要認真討論，假設平均每對夫妻有兩個孩子，難道我們不能說女性實際上比男性少「浪費」一點嗎？女性產生的卵子中，每兩百個就有一個會產生一個孩子，比例是兩百比一；而對男人來說，比例將是一兆比一。

另一個有關性別的描述涉及卵子的被動性和精子的主動性。書上說，卵子只是躺在那裡，精子肩負著「穿透」卵子的「使命」。馬丁甚至發現教科書如此描述卵子：「一個沉睡的新娘等待伴侶的魔法之吻，為她注入靈魂，讓她獲得生命。」[14]碰巧的是，許多這類的教科書寫於一九八〇年代，這一時期對授精的理解發生了許多變化。研究者開始了解卵子在過程中扮演更積極的角色，精子遠沒有以前想像的那麼「強而有力」。這個過程被理解為屬於一種同時依賴卵子和精子的化學反應。然而，如馬丁所說，精子在書中的描述還是比較主動的伴侶。在某些情況下，這項科學發現只是改變了對性別刻板印象的強調方式。卵子開始被描述為「誘捕」精子。可憐的小精子！卵子從遇險的少女變成狐狸精或女海妖之類的東西。

似乎這還不夠危險，馬丁還指出，在這個微觀層面上採用戲劇人物的呈現方式，可能會讓人觀的位置更深入人體。先不管腦部及它引起有關生命定義的所有爭論，從邏輯的極端來看，科學教科書的用語表明人類學的真正主題存在於顯微鏡下。誰管初步蘭島民，這種觀點讓精子也成了一種土著。落難的少女。負有使命的男人。「這種刻板印象現在被寫入細胞層級之中，構成了一個強而有力的動力讓它們看來如此自然，以至於無法改變。」[15]

然而，細胞畢竟是非常二十世紀的產物。我們現在能看得更細微了。馬丁描述的整套邏輯最近被標誌到基因上，在這過程中幾乎沒有什麼阻礙。

基因就是我們

遺傳學已經成為人類學研究中一個絕對重要的領域。尤其對生物和體質人類學家而言，在許多領域尤其重要：關於種族、遺傳性疾病的人口分布（如鐮刀型貧血）、人口學歷史的辯論，甚至在剛果民主共和國的一項研究中，與戰爭有關的壓力如何影響孕婦的基因表現。[16]然而，對某些作者來說，包括著名的演化心理學家及他們的追隨者，遺傳學已經成為類似於解碼器的東西，不僅終於能釐清人類構成的奧祕，還有人類的行為。如果我們理解了基因，就能理解人類。自然孕育文化。

二〇〇五年，人類學家蘇珊·麥金農（Susan McKinnon）對遺傳學作為萬物的關鍵進行了詳盡的分析。如她所說，這最終告訴我們更多的是作者的文化和意識形態立場，而非人類基因組。[17]

麥金農稱這項研究方法為「新自由遺傳學」，也就是說，它所揭露的人類本質，與傅利曼、柴契爾夫人看待世界的方式，以及激勵人類成為經濟參與者的因素有著驚人的相似之處。然而，特別引人注目的是，描述這幅人類行為圖像的演化心理學家可以自由來去古今，用同樣的筆觸來描繪近代美國人和二十萬年前更新世時代、智人剛出現時的獵人。這樣看來，個體才是重要的，社會和歷史次之。自由和選擇是好的，控制和規範是不好的。自利與利潤及個人地位最大化是優勢，它們影響著我們所有決策過程。

真正推動這一趨勢的是最後一點——自利與利潤最大化。如麥金農指出的，這項研究的共同目標是對性驅力及隨之而來的性別角色、婚姻及家庭的理解。親屬關係都和遺傳學有關。在這個框架內，男人和女人都在尋求自身地位的「最大化」，也就是繁衍後代。這表示男人和女人在選擇配偶時，發展（或說是通過基因編碼而設定）出某些「偏好機制」，男人要找年輕、身材好且有吸引力的女性。*女性要尋找有領導力、野心和成功特質的男性。男性也被認為擁有演化心理學家所說的「聖母－妓女開關」。基本上，男人想娶聖母，但又要和一旁很多妓女發生性行為，這可以滿足他們延續基因譜系（即家族）的需求，同時又能滿足他們內心播種的需要。（不過，妓女的存在有點奇怪，因為女性被理解為只想將她們的生殖「投資」保留給有領導力、雄心壯志的男人。所以有人認為，妓女基因不存在，因為這沒有適應力，而所有

* 身材好？考慮到我們對人類歷史和史前史的了解，更不用說許多當代非西方的美學，一般伸展臺上的模特兒絕不是理想型。豐腴往往具有相當大的吸引力。關於薩赫勒（Sahel）地區肥胖與美麗的研究，請見波本諾伊的著作（Popenoe，二〇〇四）。

妓女一定會在過去二十萬年裡滅絕。）

除了某些明顯帶有歷史上基督教和中世紀性格類型標籤的開關外，這些演化心理學家還提出了超特定基因的存在。至少，他們某種程度是這樣做的。基於我們對遺傳學的了解，他們承認事實上不可能分離出基因和某些行為、性格特徵之間的關係，但他們繼續創造這樣虛構的事物，包括：忠誠基因、利他基因、社交基因、幫助親戚的基因、會讓小孩殺死剛出生的妹妹的基因、羞恥基因、驕傲基因，還有我最喜歡的，「做假帳基因」。[18]麥金農從民族誌紀錄中找到幾十個例子來反對這個領域中每一個故事——也可以說是每個不正當的紀錄。有些例子來自我們也討論過的案例，包括爪翁人、伊努皮克人和初步蘭島民。例如，麥金農指出，馬凌諾斯基似乎沒有在初步蘭島民中看到聖母—妓女開關：男女的性關係和性接觸都很開放，初步蘭群島的女性並未落入聖母或妓女的分類中。演化心理學家想將這種充滿價值的語言寫入基因組本身，但這種語言對男人和女人來說都無關緊要。簡而言之，這種遺傳學方法只是尋找簡單、普同的人類自然史的最新方法。

我們的自然和社會歷史

我們很難找到人類行為和認知在本質上的普同性。人類學紀錄中幾乎沒有證據表明人性是不可改變的。當然，我們可以在每個已知的人類群體中找到某種「親屬」，或更描述性的說法是「關係性」。但若是把𠬠翁人、漢人、伊羅奎人和巴伐利亞人放在同一個總稱詞語下，並不能告訴你多少訊息。人類學家會不停樂於尋找這種「普同性」：如果是真的，那就是真的；為什麼不能由此進行研究呢？但人類學家真正不喜歡的是，當「科學」和「自然」在不在乎證據或批判性自我反思的情況下被綑綁在一起。我們發現人類學如此重視文化特殊性、社會脈絡和歷史動態的重要性，英勇的精子和聖母—妓女開關只是其中兩個理由。那是很好的理由——然而布洛赫是對的，他說這門忽略認知及自然科學研究的學科有衰敗的危險。如果我們不能找到聖母—妓女開關，或任何其他類似的開關，李維史陀的學術遺產，還有學科對人類心理一致性更普遍的投入，應該讓我們更認真對待自然主義。在結束這一章時，我想強調兩個研究領域，這兩個領域都正在產生豐碩的成果。

第一個是將傳統的田野調查方法與認知心理學的實驗結合。[19] 俐塔・雅斯圖堤（Rita

Astuti）已經對馬達加斯加海岸一個叫斐索（Vezo）的小捕魚社群進行近三十年的研究。在二○○○年代早期，她針對斐索的親屬關係、生計和認同發表了幾篇重要的研究成果，後來她開始和兩名認知心理學家針對民俗生物學及民俗社會學領域的概念表徵進行比較研究。這三人想知道關於生物繼承過程的日常理解和合理化：斐索人對遺傳過程的想法為何？孩子長得像誰，為什麼會這樣？這種認同是否影響孩童的行為等等？在雅斯圖堤長期田野工作的背景下，他們透過一系列專門設計的心理問卷搜集答案（問卷中詢問受訪者有關遺傳和個人認同的假設性問題），隨後提出更基本的問題。概念發展是否有限制？換句話說，人類認知中是否存在哪些種類的知識，或是對「生命事實」的理解？「大家是否真的知道」鴨子生鴨子，老虎生老虎，史密斯夫婦生下小史密斯？（即使鴨子由鵝養大，老虎由大象養大，小史密斯由瓊斯夫婦養大？）顯然，這些限制概念發展的問題出現在本書已經提過的幾項人類學主要爭議之中，例如潘乃德和貝克關於收養和養育的觀點，摩根對親屬詞彙的分析，或者波洛洛人說出他們是鸚鵡時，代表什麼意思。

這些問題在雅斯圖堤的研究中特別有趣，因為斐索人對認同和關係有很強烈的展演面向。[20]至於我們討論過的其他小型非西方社會，你是誰和什麼的問題，與你做了什麼和你發展的社會關係有關。*斐索人並非生來就是斐索人：他們是斐索人，是因為他們的行為是那樣。想要當斐索人，你必須做斐索事，而其中大多數都和家庭、釣魚及大海有關。這種展演、社會導向的認同方法很強烈，以至於斐索人會說，如果一名孕婦在她懷孕過程交了一名好朋友，寶寶長大就會像那位朋友。

然而認知實驗並不符合這樣的民族誌描述。斐索人似乎完全理解某種「生物事實」在代際傳承的重要性。在測試中所呈現的假設案例中，斐索的成年人清楚表明他們理解孩子的長相「模板」來自他們的親生父母。換句話說，他們了解遺傳學和「你是誰」的關鍵因素不在於社會建構，也不是由展演行動形成。研究三人組還發現，斐索人談到自己的生活時，會系統性地否認這種知識。在斐索社群裡，太過強調生物相關性會被認為是反社會且具占有欲的，違背了斐索生活的核心價值，即盡可能擁有許多關係（即「親人」）。雅斯圖堤和她同事發現的是斐索人「不關心我們知道他們知道的事」。[21]對雅斯圖堤和她的同事來說，這些發現提出了一個重要的觀點，即人類學家若想了解認知和發展，卻不參與其中，就是拿石頭砸自己的腳。如果人類學的目標在了解土著觀點，那麼了解概念發展的限制其實對這個目標只會有幫助，不是

* 加泰隆尼亞人當然也是如此，至少近年來是這樣。

嗎？它們顯然不會減損文化的重要性，因為斐索還是能夠「淩駕」它們。相反地，它們最終可能會指出文化和價值觀對我們的組成有多麼重要，就連潘乃德也可能因這項近期研究受到鼓舞。畢竟，她的「跨種族」收養案例本質上便是在處理相同的議題：是什麼造就了我們。然而，斐索人的例子並非說明某種根深柢固的、強而有力的文化模式的存在，而是在指出我們內心或許能認識到「生命事實」，但這顯然沒有足夠證據，並且取決於文化的闡釋。

另一個連接自然與社會史的好例子來自倫理人類學。[22]這是近年來興起的次領域，許多發表內容都認真地參考了亞里斯多德、康德、傅柯和其他偉大的哲學傳統研究。這領域的研究著重宗教主題中極精密的倫理議題——就像我們在開羅的教令尋求者和巴布亞紐幾內亞的五旬節教徒看到的案例——還有吸毒者的掙扎及日常生活中的「日常倫理」。多數研究都反映人類學對社會及文化建構的重視。

身為當今最受尊敬的文化人類學家之一的韋伯・基恩（Webb Keane），在他的新書《倫理生活：其自然和社會歷史》（*Ethical Life: Its Natural and Social Histories*）中質疑這種社會文化觀點的充分性，這不只是因為倫理學是心理學及兒童發展的重要研究領域。在這個著作中有更自然主義的傾向；它在處理一個古老的問題，即我們的道德價值觀和倫理思考是否是與生俱來的。

基恩不否認社會歷史和文化脈絡的重要性。不只不否認，它們甚至是其論述的核心。他也花費許多時間研究倫理問題在特定脈絡下是如何發展的，例如越南革命、開羅的伊斯蘭虔敬運動和西方女性主義者的意識提升運動等。他還非常注意人際互動間的倫理問題：人們在日常環境的交流中如何表現出他們的承諾和價值觀。我們在對話中所做的推斷思考，我們在臉書上的交流，我們在星巴克點咖啡說錯用語被咖啡師糾正時感到的挫折（小杯、中杯、大杯、特大杯，泡沫少一點、脫脂……），都受到倫理道德的約束，都可以用人類學的觀察法及社會語言學進行分析研究。

但基恩也從事心理學和兒童發展的研究，因為這些研究的領域能告訴我們許多關於任何倫理生活最基礎之部分的事。它們包括人類遊戲、同理心和利他主義的重要性、孩童什麼時候開始學會區分自己與他人、孩童什麼時候開始認知其他想法的存在，並有能力採取第三人稱的觀點。證據表明，孩子不需要學習就能表現出同理，即使無關自己的利益，他們也會發展出合作和分享的傾向，他們重視公平。育兒、教育和其他形式的社會化並非表達這類直覺的先決條件。

與此同時，正如基恩建議的，這不會使這些行為或反應本身「合乎倫理」。與其把它們看作是直覺或衝動，我們應該將它們視為「可供性」（affordances）。這個詞彙來自一位心理學家，用來說明經驗和知覺使某些事情成為可能的方式。引用基恩提供的一個例子：如果你正在長途跋涉，開始感到疲勞，前方出現一塊和椅子同樣高度的平滑岩石，可以成為你的臨時椅子。你可以停下來休息。它不是椅子，但它「提供」自己服務於同樣的目標。同樣地，在其他情況下，一把椅子可能「提供」自己成為一個梯子或是用來馴服獅子的東西。這些用途或存在並非固定或預先決定的，它們是客觀和偶然因素結合的結果。岩石需要是岩石，而且是某種岩石（堅固、平坦）。但你也必須感覺疲累，想要坐下來才行。

基恩所說的是，人類認知及推理的前文化面向就像那塊岩石，對「倫理生活」而言是必要的，但卻是不足的。為了合乎倫理，這些衝動和直覺必須加入社會因素，形式包括教養、教育、學習聖經、閱讀《共產黨宣言》、閱讀湯瑪斯・曼（Thomas Mann）的書、唸誦《心經》、聽巴布・狄倫（Bob Dylan）的歌，聽格洛麗亞・斯泰納姆（Gloria Steinem）或娜歐蜜・克萊恩（Naomi Klein）的演講、在印度國家電視臺播放《羅摩衍那》史詩，以及從星巴克點個中杯咖啡到野餐時講笑話帶來的日常互動及經驗。基恩的結論很簡單，但很重要：「沒有其社會歷史，倫理生活就無法合乎倫理；沒有其自然歷史，就沒有生命。」[23]就像後殖民時期的文學作品，人類故事需要對位的閱讀。

結語

將人類學觀點帶入周圍世界

介紹了這麼多文化，很可能讓你眼花撩亂。我們討論了許多世界觀及生活方式：開羅虔誠的穆斯林為提升自我，向教長尋求建議；玻利維亞原住民痴迷於足球，但不是為了輸贏；對倫敦的期貨交易員而言，電腦交易預示著更完美的市場；美拉尼西亞的男人願意搭乘小舟穿越波濤洶湧的大海，尋找他們不能配戴的項鍊和臂鐲；烏克蘭人的生活和世界已經不可逆轉地被車諾比的核反應爐熔毀所粉碎；在中國，爭強好勝的新娘談判她們婚禮的進帳，憤怒的女兒用歌聲尋求彌補與對母親的頌揚。

世界上仍有許多不同之處。殖民主義沒有消除這些差異——它沒有產生清楚面貌的基督教、商業活動或文明，它沒有讓馬什皮人變成美國人，沒有讓辛巴威人變成英國人；在辛巴威「板球／蟋蟀」的意義並非不證自明。全球化也沒有消除這些差異。貝里斯的衛星電視沒有消滅當地文化；如果有什麼不同的話，這種全球流動的渠道只是為之注入了新的活力，或者可以說，幫助創新。

然而，為了差異而尋找差異，並非人類學的重點。若是如此，我們的確會眼花撩亂，甚至因此盲目。人類學想做的是記錄差異——且經常成為差異的見證人——同時也要理解這些差異。人類學是在尋求解釋。「土著觀點」不只是觀點問題，它們也是邏輯和思考模式的問題。它們揭示了「土著如何思考」。

了解開羅教令尋求者的行為後，我們也了解在伊斯蘭教中，自由是如何相對於權威來定義的，而非反抗權威。玻利維亞的埃薩埃賈人降低了足球競爭的回報，因為他們致力於平權主義，一種我們經常能在小型無國家社會中發現的高度發展的價值，而在那裡傳統上會淡化私有財產的重要性。倫敦市的期貨交易員尋求科技，因為他們試圖以非人性化的系統運作市場交易。如果商業無關個人，那就盡可能擺脫人的因素。初步蘭群島的男人參與庫拉交換，因為它能帶來名聲，但也強化了社會性的邏輯，在其中個體是以與他人的關係來衡量。對車諾比核反應爐熔毀的受害者而言，他們夾在已經不復存在的蘇聯帝國政治科學體制，以及一個步履蹣跚的後社會主義國家之間，他們的苦難定義了他們的存在。在許多當代脈絡中，這是特別赤裸裸的例子，說明了我們如何看待一種生物公民身分的出現。他們的訴求不是基於人類的處境，而是基於醫學的條件。中國東北部鄉村的新娘和直苴村谷地悲傷的女兒已經接受了個人主義的風格，但不只是產生某種西方的回聲。她們是在用新的事物來支撐、振興和改造舊事物。中國的這些例子只是書中許多相關案例中的兩個，幫助我們理解傳統和現代性並非固定的狀態，而是流動且相關的。

當然，人類學不只是在「尋求解釋」，畢竟政治學、哲學和社會學也提供解釋。人類學的獨特之處在於其解釋依賴當地知識的程度。「豪」不只是毛利人的詞彙；近一個世紀以來，它一直是人類學的專門術語。它提醒我們，人和物的區別遠沒有我們認為的明確。同樣地，視角主義不只是某些美洲印第安人世界觀的特性。它也是一道難題，促使人類學家思考我們是否能重新思考人性與人類的界線為何。

換句話說，許多人類學解釋都包含圖形與背景的反轉——轉換你看到的前景和背景。為了得到全貌的解釋，人類學經常不得不顛覆常識，質疑被視為理所當然的東西。人類學不僅促使我們重新思考我們自以為了解的事物——豐裕意味著什麼，為什麼血液重要，思考由什麼構成——以及我們藉以理解的條件。這其中包含了陌生和驚喜的元素。

從哈根人的例子中，我們知道以野生／馴養的條件來思考，比用自然／文化的條件思考更加適當。自然和文化不是無法改變的二元對立，它們是帶有特殊歷史的概念。對阿拉維特人來說，自然和文化是更合適以及有用的條件，但其比例卻是顛倒的。在西方，我們認為只有一個自然，很多文化，但在這種美洲印第安人的宇宙觀中是相反的狀況。伊努皮克人不重視美國人、英國人和許多其他人群在辨識親人時極為看重的「血液」。在他們之中，完全可以說：「他曾經是我表哥。」死亡也不再是過去的樣子。在加拿大和美國，醫療技術的進步、世俗化的動態和「生命禮物」的說服修辭都有助於讓腦死病人的概念合理化。在這些脈絡中，器官捐贈是一種給予病人能動性的方式。如果不採用過去靈魂在世間活動的說法，這或許是一種現代的版本——這並不是說技術能力決定了生與死的界線。在日本，同樣發達的醫療體系並沒有導致同樣的身心分離：日本人認為「活屍」的概念是個矛盾的詞彙組合。

我希望你能記住一些細節。社會或其他的事實（雖然可能不是「另類」事實）還是很重要。*略懂些印度的種姓制度、什麼是伊斯蘭教令（什麼不是），以及世上有個地方叫做初步蘭群島是有幫助的——在那裡，除了庫拉圈的古老傳統和喪禮上香蕉葉布的交換外，文化旅遊和五旬節教派傳教士也同樣受到很多關注。**人類學對知識的看法總有個倫理面向。我們是更好的人，因為知道更多關於他者的事。無論其他人來自尊尼或倫敦，對人類學研究而言都具有同等價值。潘乃德在一九三四年提出的觀點至今仍然適用：「文明從沒有像現在這樣更需要真正有文化意識的個人，能客觀地看到其他人受社會制約的行為，而且不帶恐懼和歧視。」[1]

然而，除了人類學搜集的零碎材料外，我希望你們帶走的，是人類學式的感性——如何將人類學觀點帶到你周圍的世界，如何像人類學家一樣思考。

與其他研究相比，人類學研究似乎與這個世界、與你關心的事更相關——例如對芝加哥和倫敦金融市場的研究，或是器官捐贈及臨終照顧的倫理。這些都很容易應用，甚至有實用意義。例如，瑪格麗特·洛克對器官移植的研究讓她在國際移植倫理論壇上成為重要人物。她與一位哲學家、一位律師合作，花費數年的時間跟著移植外科醫師及其他醫療專業人員進行研究，以促使器官摘取道德面能有更全球性的觀點。這是能展現重要性的人類學，能帶來改變的人類學。此類研究屬於一個更廣大的公共與政策相關實踐傳統，可追溯到鮑亞士介入種族問題的社會辯論。

然而，我還想告訴大家的是，人類學的相關性遠不只這些例子。知道巴蘇托人「牛的奧祕」，就像知道西方的醫學倫理、金融市場或核子科學，對理解我們的世界都同樣重要且適

---

* 川普的顧問凱莉安·康威（Kellyanne Conway）曾於二〇一七年一月，在ＮＢＣ週日晨間新聞節目《與媒體見面》（*Meet the Press*）的訪談中發明了一個流行用詞「另類事實」，影片請見http://www.nbcnews.com/meet-the-press/video/conway-press-secretary-gave-alternative-facts-860142147643（最近存取日為二〇一七年三月十四日）。我不認為這個詞彙適用作為人類學的特定術語。

** 米歇爾·麥卡錫（Michelle MacCarthy）於二〇〇〇年代為奧克蘭大學的博士論文研究來到初步蘭群島時，文化觀光成為島民生計的重要來源。她的論文有很長的篇幅在討論這件事（MacCarthy，二〇一二）。後來再訪時，她發現有些初步蘭婦女因為五旬節教派傳教士的影響，不再生產芭蕉葉布，五旬節教派說這是在浪費時間（MacCarthy，二〇一七）。

用。這個例子顯示出和我們相隔甚遠的人和地是如何緊密聯繫在一起。牛的奧祕讓我們了解巴蘇托人，也讓我們了解全球礦業，了解人們如何利用金錢和其他資產處理性別關係，了解傳統為何是創造力及創新的重要來源。在未來幾十年，對牛的奧祕的研究或許也會告訴我們關於氣候變遷的事；畢竟，正是乾旱突顯了它最初的重要性。

在近期一項有關二〇一三年至二〇一五年西非伊波拉疫情的研究中，人類學家保羅・理查德（Paul Richards）強調英國政治家諾曼・泰比（Norman Tebbit）的一句話：「納稅人再也負擔不起補助關於上伏塔（Upper Volta）婚前行為那類無關痛癢的人類學研究了。」[2]然而，正是這些關於看似不重要、深奧或瑣碎事物的研究——我們可以說是出於文化好奇心——我們常常發現有價值的事物，一些經常被忽略、被視為理所當然，但其實非常重要的事物。獅子山在伊波拉疫情中的官方死亡人數位居第二，而理查德在那裡做了四十多年的研究。他對疫情的分析充分關注了流行病學資料，病理學的事實和數字，以及國際抗疫努力的優缺點。但他的書中卻有大部分內容都是有關門德（Mende）和特姆（Temne）村莊葬禮的詳細民族誌描述。為什麼？因為葬禮上對遺體的處理是「超級傳播事件」之一。人們希望所愛之人能得到適當的清洗和照顧，但這也是最可能感染到傳播伊波拉病毒的體液的方式之一。

了解西非的葬禮傳統，以及甚至更重要的，當地人在適應公共衛生和文化問題的方式，都是遏制此一流行病的必要前提。是的，防護衣很重要，補充體液、救護車、野戰醫院、國內和國際勇敢的醫療專家及志工都很重要。但同樣重要的是，了解當地有關照護、紀念和常識的技術和傳統。換句話說，文化和一種稱為人類學的社會科學也是很重要的。

延伸閱讀

參考書目裡有許多延伸閱讀的文本——很多可以後續繼續探索。但我想提供一份簡短的書單——只有十本——對非專業人士來說可能可以引起特別的興趣，也很容易閱讀。事實上，這些書的共同點是作者都是很好的作家，其中有一半是大局、綜合性、也經常是論戰性的著作；另一半則是民族誌，著重於廣泛的社會和政治意義和利益問題。

RUTH BENEDICT, Patterns of Culture (New York: Houghton Mifflin Harcourt, 1934)（中譯本：《文化模式》，黃道琳譯。高雄市：巨流，二〇一一）

你可能已經猜到，這是我最喜歡的書之一。尤其是前兩章仍然是我們對文化重要性最好、最有熱忱也最清晰的論述。

ADAM KUPER, Culture: the anthropologist's account (Cambridge, Mass.: Harvard University Press, 1999)（中譯本：《英國社會人類學：從馬凌諾斯基到今天》，賈士蘅譯。臺北市：聯經，一九八八）

有個同事和我的論點相反，他不認為文化是不可或缺的詞彙，那麼推薦他所寫的書似乎也很公平。古柏是文化懷疑論者的首領，部分原因是這個詞彙在公共領域被使用和濫用的方式，另外部分則是他認為這個詞彙存在無法克服的概念缺點。

DANIEL MILLER, Stuff (Cambridge: Polity Press, 2009)

東西（stuff）即物質文化。牛仔褲、房子、電話、汽車、印度紗麗：米勒對幾乎任何能算是人工製品的東西都感興趣。他是物質文化研究的領袖人物。這本書是其生涯精華之作而且易於理解，反思了他自一九八〇年代初期以來研讀、接觸、穿著、駕駛、在行動中觀察、思考過的所有東西。

DAVID GRAEBER, Debt: The first 5,000 years (New York: Melville House, 2011)（中譯本：《債的歷史：從文明的初始到全球負債時代（增訂版）》，羅育興、林曉欽譯。臺北市：商周出版，二〇一八）

這是另一本我已經討論過的書。本書的優秀之處在於，它利用人類學紀錄挑戰我們對某些事物所持的基本假設方式——不只是債務和道德負擔，還有金錢的發明，以及國家在現代社會中的角色。閱讀這本書，你會對如何理解二〇〇八年全球信貸危機及隨後對「儉樸生活」的擁抱有非常獨特的見解。

LILA ABU-LUGHOD, Do Muslim women need saving? (Cambridge, Mass.: Harvard University Press, 2015)

穆斯林女性需要拯救嗎？簡單來說，不：閱讀這本書就能知道為什麼。本書能讓你進一步理解，文化相對論為何是處理當代世界棘手社會政治問題的珍貴方式。它也非常清楚地說明這個問題本身與殖民時代「文明化」世界的計畫如何牽扯上關係。

JASON DE LEÓN, The land of open graves: living and dying on the migrant trail (Berkeley: University of California Press, 2015)（中譯本：《敞墳之地：移民路上的生與死》，賴盈滿譯。新北市：左岸文化，二〇二一）及 *RUBEN ANDERSSON, Illegality, Inc.: clandestine migration and the business of bordering Europe* (Berkeley: University of California Press, 2014).

這兩本書可以一起閱讀。第一本書將焦點放在美墨邊界；第二本書描述的則是非洲人跨越地中海進入西班牙。這兩本書都展示了移民的人性面。他們講述的個人故事既深入又有親切感，能幫助我們理解冒這麼大風險背後的邏輯和動機。在第一本書中，你也會了解文化人類學如何結合考古學和生物人類學，因為他有一部分最重要的資料來自其他這些分支領域。

ILANA GERSHON, Down and out in the new economy: how people find (or don't find) work today (Chicago: University of Chicago Press, 2017)

格申寫這本書的動機一部分來自她印第安那大學的學生在畢業進入就業市場後表達出的擔憂。書中引人入勝地描述應徵者越來越依賴新媒體科技，同時在「塑造個人品牌」時不再以個人為名義，而是一個會走會說話的微型企業。這是本經濟學研究，也是本關於個人觀念在二十一世紀如何變遷的研究。

KIM TALLBEAR, Native American DNA: tribal belonging and the false promise of genetic science (Minneapolis: University of Minnesota Press, 2013)

塔爾貝爾抓住了我在不同章節強調的兩股線：在種族政治及文化認同中血液和基因的力量。這本書在討論美洲原住民族群如何開始思考（某方面來說是被迫思考）ＤＮＡ和遺傳學。

ALPA SHAH, In the shadows of the state: indigenous politics, environmentalism, and insurgency in Jharkhand, India (Durham, NC: Duke University Press, 2010)

印度在過去幾十年大力推動群體權利，其崇高動機是讓邊緣化的原住民群體擺脫貧窮和社會排斥。然而，正如沙哈所說，在賈坎德邦（Jharkhand）這些努力經常使情況更加惡化，因為它建立起人類應如何與周圍自然「和諧」共處的理想模式。如果你對發展及人權有興趣，這本書值得一讀。

誌謝

如果你隨便問我：「你有沒有想過寫一本人類學導論的書？」我的回答會是：「絕不可能！」這事太瘋狂了。但後來卡西亞娜．愛恩妮塔（Casiana Ionita，她後來成了我在企鵝出版集團出書的編輯）邀請我為二十世紀出版界最驚人的遺產：鵜鶘叢書（Pelican series）撰寫這樣一本書。好吧，那就是另一回事了。接受挑戰後幾週，普林斯頓大學出版社的弗瑞德．阿佩爾（Fred Appel）在九月一個雨天的午餐約會時問我，人類學是否需要類似於不僅針對學生，而是給更廣泛讀者和大眾的介紹。這會不會也太巧了？我欠卡西亞娜和弗瑞德一個大大的感謝，他們一直都是出色的編輯和對話者。

有幾個朋友和同事讀過全部或部分草稿，並且都給予很有助益的回饋：瓊．貝勒奇（Jon Bialecki）、梅辛．波特（Maxim Bolt）、傑弗瑞．修斯（Geoffrey Hughes）、蕾貝卡．納許（Rebecca Nash），以及普林斯頓大學出版社為本書的美國版委託的四位匿名審稿人。在書寫的過程中，我也請同事們提供建議及幫助，例如他們比我更了解的文化事物等等。我無法一一點名，但謝謝你們。我還要感謝漢娜・科特雷爾（Hannah Cottrell）幫助我整理參考書目，以及負責文字編輯的珍・羅伯森（Jane Robertson）。書中若遺留任何錯漏，都不能歸咎於這些好人。

最後但同樣重要的是，我要感謝所有教導我人類學的人，不只是芝加哥大學和維吉尼亞大學的老師，還有倫敦政經學院的同事及學生，他們對人類學的研究及愛好提供了源源不絕的靈感。

注釋

導言　熟悉與陌生

1 Cushing, 1978, p. 46.
2 Ibid., p. 319.
3 Ibid., p. 279.
4 Zaloom, 2006, pp. 9, 8.
5 Ibid., p. 10.
6 Sahlins, 1972, p. 4.
7 Ibid., p. 37.
8 Ibid., p. 9.
9 <http://www.survivalinternational.org/galleries/hadza>; accessed 19 December 2016.
10 Powdermaker, 1951.
11 Parkin, 2005, p. 169.
12 Cited in Green, 1990, p. 12; other details from pp. 10–11.
13 Hughte, 1994.
14 You can read something about this history of anthropology's role in counter-insurgency operations in a pamphlet by Roberto Gonzalez, 2009.

15 Malinowski, 1922, p. 25; emphasis (and gendered phrasings) in original.

16 Ibid., pp. 5–6.

17 You can listen to Madsbjerg speaking to the *Harvard Business Review* at <https://hbr.org/2014/03/an-anthropologist-walks-into-a-bar>

18 <http://www.theguardian.com/business/2008/oct/31/creditcrunch-gillian-tett-financial-times>

第1章 文化

1 Mitchell, 2017, pp. 33, 34.

2 Cited in Bunzl, 1996, p. 32.

3 Cited in Stocking, 1968, p. 136.

4 Geertz, 1973, p. 5.

5 Kleinman, 2004.

6 Ibid., p. 951.

7 Cited in Handler, 1988, p. 141.

8 Manning, 2008.

9 Deetz, 1995, p. 4.

10 Coward, 2013.

11 Arnold, 1932 [1869], p. 70.

12 Tylor, 1871, p. 1.

13 White, 2007 [1959], p. 12.

14 Benedict, 1934, p. 14.

15 Baker, 2011, p. 122. See also Baker, 1998 and Stocking, 1968, for fuller treatments of this history.

16 Lévi-Strauss, 1966, p. 268.

17 Luhrmann, 2012.

18 Brightman, 1995.

19 Robbins, 2007.

20 Diana Fuss, 1989, p. xi. Fuss is not an anthropologist; she's a literary critic. But she has written a really great book on the concept of essentialism.

21 Bourdieu, 1977, pp. 72, 73.

22 Appadurai, 1996.

23 <http://anthropology.columbia.edu/people/profile/347>; last accessed 28 March 2016.

24 Abu-Lughod, 1991.

25 Radcliffe-Brown, 1940.

26 Firth, 1951, p. 483.

27 Clifford, 1988a, p. 10.

28 Malinowski cited in Brightman, 1995, p. 534.

29 Lowie, 2004[1935], pp. xxi–xxii.

30 Kroeber and Kluckhohn, 1952, p. 357.

第1章　文明

1 Twitter post on 19 December 2016; <https://twitter.com/realDonaldTrump?ref_src=twsrc%5Egoogle%7Ctwcamp%5Eserp%7Ctwgr%5Eauthor>; accessed 20 December 2016.

2 Trautmann, 1987, p. 10.
3 Tylor, 1871, p. 2.
4 See Stocking, 1987, p. 10.
5 Morgan, 1877, pp. 4–12.
6 Ibid., p. 16.
7 Tylor, 1871, p. 24.
8 Morgan, 1877, p. 169.
9 Boas, 1896, p. 908.
10 Ferry, 2012, p. 295.
11 Comaroff and Comaroff, 1991; 1997.
12 Ibid., p. 213.
13 Fanon, 1967 [1952], p. 17; p. 18.
14 Lepri, 2006.
15 Ibid., p. 75.
16 Huntington, 1993.
17 Ibid., p. 24.
18 Ibid., p. 25.
19 <http://georgewbush-whitehouse.archives.gov/news/releases/2001/09/20010916-2.html>; accessed 5 May 2016.
20 Cited in McFate, 2005, p. 46.
21 Fabian, 1983, p. 41.
22 Gardner and Lewis, 2015.

23 <https://www.theguardian.com/katine>; last accessed 19 October 2016.

24 <http://www.theguardian.com/katine/2010/oct/30/story-katine-anthropologist-ben-jones>; last accessed 5 May 2016.

25 <https://www.theguardian.com/katine/2007/oct/20/about>; last accessed 19 October 2016.

26 Wengrow, 2010.

27 Ibid., p. xviii.

28 Ibid., p. 175.

第三章　價值觀

1 Peristiany, 1965, p. 9.

2 Cited in Pitt-Rivers, 1965, p. 52.

3 Ibid., p. 41.

4 Schneider, 1971, p. 4.

5 Ibid., p. 17.

6 Herzfeld, 1980.

7 Abu-Lughod, 1986.

8 Ben-Yehoyada, 2014.

9 Candea and Da Col, 2012.

10 I am quoting from the unpublished, English-language version of this essay, with kind permission of the author. The essay was published in French as Shryock, 2001.

11 Dumont, 1970 [1966], p. 35.

12 Ibid., p. 21.

13 Srinivas, 1959.

14 Fuller, 1993, pp. 13–14. Fuller's book is an excellent anthropological introduction to Hinduism.

15 Dumont, 1970 [1966], p. 10; p. 3.

16 Ibid., p. 6.

17 Ibid., p. 218.

18 Ibid., p. 66; originally in italics.

19 Ibid., p. 20.

20 Robbins, 2004.

21 Ibid., p. 295.

第四章　價值

1 Cited in Ferguson, 1985, p. 652.

2 <http://www.bridesmagazine.co.uk/planning/general/planning-service/2013/01/average-cost-of-wedding>; last accessed 5 October 2016.

3 <http://www.ons.gov.uk/employmentandlabourmarket/peopleinwork/earningsandworkinghours/bulletins/annualsurveyofhoursandearnings/2013-12-12>; last accessed 5 October 2016.

4 Malinowski, 1922, p. 84; p. 86.

5 Ibid., p. 89.

6 Ibid., p. 510.

7 Ibid., p. 97.

8 Sahlins, 1996, p. 398.

9 Mauss, 1990 [1926], p. 12.
10 Ibid., p. 65.
11 Hart, 1986.
12 Hart, 2005.
13 Ibid., p. 4.
14 Jeske, 2016.
15 Ibid., p. 485.
16 Ibid., p. 486.
17 Ibid., p. 490.
18 James, 2015.
19 Ibid., p. 55.
20 Graeber, 2007.
21 Graeber, 2011.
22 Ibid., p. 103.

第五章　血液

1 Morgan, 1871, p. 10.
2 Schneider, 1968.
3 Ibid., p. 25.
4 Ibid., p. 13.
5 Stack, 1976, pp. 45–61.

6 Sussman, 2015.

7 <https://s3.amazonaws.com/omeka-net/3933/archive/files/a21dd53f2a098fca5199e481433b4eb2.pdf?AWSAccessKeyId=AKIAI3ATG3OSQLO5HGKA&Expires=1474327752&Signature=4VgjdKhdCrZpipb4bpQkiGROVe4%3D>; accessed 20 September 2016.

8 <http://www.telegraph.co.uk/news/politics/2499036/Mayor-of-London-Boris-Johnson-is-a-distant-relative-of-the-Queen.html>; accessed 22 September 2016.

9 Schneider, 1968, p. 23.

10 <https://www.washoetribe.us/contents/images/documents/EnrollmentDocuments/WashoeTribeEnrollmentApplication.pdf>; accessed 22 September 2016.

11 Strong and Van Winkle, 1996.

12 Details on the Washoe are taken from Strong and Van Winkle, 1996, and D'Azevedo, 1986.

13 Bodenhorn, 2000.

14 Ibid., p. 147, n. 11.

15 Ibid., p. 136.

16 <https://www.theguardian.com/books/2016/aug/27/ian-mcewan-author-nutshell-going-get-kicking>; accessed 23 September 2016.

17 El Guindi, 2012, p. 545.

18 This is well explored by Peter Parkes, 2004.

19 Clarke, 2007, p. 289. The material on Lebanon following on from here is drawn from Clarke's research.

20 Carsten, 2000.

21 Strathern, 1988; 1992.

22 Carsten, 2013.
23 Saussure, 1983[1916], p. 67.
24 Genesis 11: 7.
25 <http://www.catholicherald.co.uk/news/2012/03/06/full-text-english-and-welsh-bishops-letter-on-same-sex-marriage/>; accessed 28 September 2016.
26 Carsten, 2013.
27 Herdt, 1982a.
28 Narasimhan, 2011.
29 Turner, 1967, p. 70.
30 The Chukchi example comes from Willerslev, 2009.
31 Copeman, 2013.
32 Herdt, 1982b.
33 These details on the Nuer are drawn from Hutchinson, 2000.
34 These links between blood and finance are the subject of a wonderful essay by Weston, 2013.
35 Turner, 1967.

第六章　認同

1 Erikson, 1994.
2 Erikson, 1963, p. 138.
3 Erikson, 1937.
4 Inda and Rosaldo, 2002, p. 4.

5 This example comes from Wilk, 2002.

6 <http://secondlife.com>; accessed 14 October 2016.

7 Boellstorff, 2008, p. 8.

8 <https://www.youtube.com/watch?v=3-LB-FeJlc4&list=PLI0b2jAH3oFvr6J0AhWroB9lmOXRN2xLV&index=1>; accessed 14 October 2016.

9 Templeton, 1998, p. 647. Another good source on this is Sussman, 2015.

10 Benedict, 1934, p. 13.

11 Ibid., p. 14.

12 Baker, 2010.

13 Ibid., p. xi.

14 Baker, 1998, p. 1.

15 Yudell et al., 2016, p. 565.

16 This example is very well known in anthropology. It comes from a seminal essay on culture and identity by James Clifford, 1988b. Clifford is an historian of ideas and cultural critic, but he often writes about anthropology and anthropologists.

17 Schieffelin, Woolard and Kroskrity, 1998.

18 This and the following example on etymology are taken from Silverstein, 1979, an essay that really launched the whole area of research.

19 <http://www.telegraph.co.uk/culture/hay-festival/9308062/Hay-Festival-2012-Tim-Minchin-breaks-taboos.html>; accessed 14 October 2016.

20 Gal and Woolard, 2001.

21 Woolard, 2016. Most of the details I focus on in what follows are drawn from that book.

22 Ibid., p. 22.

23 <https://www.bnp.org.uk/news/national/video-—-pain-indigenous-community-ignored>; accessed 14 October 2016.

24 Woolard, 2016, pp. 3–7.

25 Cited in ibid., p. 223.

26 Ibid., p. 296.

27 Ibid. p. 254.

28 <https://www.bia.gov/cs/groups/xofa/documents/text/idc-001338.pdf>; accessed 17 October 2016.

29 Merry, 2001.

30 Jessie 'Little Doe' Baird, <http://www.wlrp.org>; accessed 18 October 2016.

31 <http://www.mashpeewampanoagtribe.com/human_services>; accessed 18 October 2016.

第七章　權威

1 Weiner, 1992.

2 Ibid., p. 12.

3 Ibid., pp. 63–4.

4 Evans-Pritchard, 1931, p. 36.

5 Yan, 2009.

6 Fong, 2004.

7 Yan, 2009, p. 170.

8 Cited in Yan, 2009, p. 164.

9 Stafford, 2010, pp. 204–5.

10 Mueggler, 2014.

11 Ibid., p. 213.

12 In writing this section, I'm drawing on arguments that are often traced to the following: Bloch, 1989, Rappaport, 2000, Turner, 1967. These are just three of the major figures in ritual theory. See also helpful reviews, especially on ritual and religious language, by Keane, 1997, and Stasch, 2011.

13 Bloch, 1989, p. 37.

14 Bloch, 2005.

15 A classic treatment of these points is Bloch and Parry, 1982.

16 Austin, 1975 [1962].

17 For this account of the inauguration gaffe, see <http://www.nytimes.com/2009/01/22/us/politics/22oath.html>; accessed 28 October 2016.

18 Austin, 1975 [1962], p. 117.

19 These details on black robes are the subject of a reflection by the former Supreme Court Justice Sandra Day O'Connor, <http://www.smithsonianmag.com/history/justice-sandra-day-oconnor-on-why-judges-wear-black-robes-4370574/?no-ist>; accessed 28 October 2016.

20 Mueggler, 2014, pp. 212–13.

21 Agrama, 2010.

22 Ibid., p. 11.

23 Ibid., p. 13.

24 Evans-Pritchard and Fortes, 1940, pp. 6–7.

25 Howell, 1989.

26 Ibid., pp. 37–8.
27 Ibid., pp. 52–3.

第八章　思考

1 Whorf ,1956, p. 137.
2 Boroditsky, 2009.
3 Whorf, 1956, p. 151.
4 See Enfield, 2015, for this point, as well as for a good review of recent work on Whorfian research.
5 Whorf, 1956, p. 151.
6 Sperber, 1985.
7 Lévy-Bruhl, 1966 [1926], p. 62.
8 Ibid., p. 61.
9 Evans-Pritchard, 1976 [1937], p. 30.
10 Ibid., p. 25.
11 Ibid., p. 11.
12 Crocker, 1977, p. 184.
13 Ibid., p. 192.
14 Turner, 1991.
15 Handman, 2014, p. 282, n. 3.
16 Overing, 1985, p. 154.
17 Viveiros de Castro, 1992; 1998.

18 Viveiros de Castro, 1998, p. 475.
19 Scott, 2013.
20 Viveiros de Castro, 1992, p. 271.
21 Viveiros de Castro, 1998 p. 470.
22 Scott, 2013, pp. 5–9.
23 Viveiros de Castro, 1992, p. 271.
24 What follows on the case of Chernobyl is drawn from Petryna, 2003; the phrase 'life exposed' is hers.
25 Evans-Pritchard, 1976 [1937], p. 19.

第九章　自然

1 Said, 1993.
2 Sahlins, 1976.
3 The list is reproduced on Savage Minds, a popular anthropology blog, <http://savageminds.org/2011/04/17/anthropological-keywords-2011-edition/>; accessed 7 December 2016.
4 See Lévi-Strauss, 1963, p. 33.
5 Cited in Lévi-Strauss, 1964.
6 Lévi-Strauss, 1966, p. 268.
7 Bloch, 2012, p. 53.
8 Lock, 2002.
9 Ibid., p. 279.
10 Ibid., p. 51.

11 <https://www.ipsos-mori.com/researchpublications/researcharchive/3685/Politicians-are-still-trusted-less-than-estate-agents-journalists-and-bankers.aspx#gallery[m]/0/>; accessed 12 December 2016.

12 Gallup poll from December 2015, <http://www.gallup.com/poll/1654/honesty-ethics-professions.aspx>; accessed 12 December 2016.

13 Martin, 1991.

14 Ibid., p. 490.

15 Ibid., p. 500.

16 The study in epigenetics in the DRC is summarized in Mulligan, 2015. See that same issue of *American Anthropologist* for a set of overviews on anthropological genetics.

17 McKinnon, 2005.

18 Ibid., pp. 29–33.

19 Astuti, Solomon and Carey, 2004.

20 Astuti, 1995.

21 Astuti, Solomon and Carey, 2004, p. 117.

22 Keane, 2015.

23 Ibid., p. 262.

結語　將人類學觀點帶入周圍世界

1 Benedict, 1934, pp. 10–11.

2 Richards, 2016, p. 8. The remark by Tebbit occasioned an interesting exchange with the Director of the Royal Anthropological Institute (see Benthall, 1985).

聯經文庫

人類怎麼學：比大數據更重要的事，人類學教你顛覆成見、突破盲點的洞察思考

2023年10月初版 定價：新臺幣450元

著者	Matthew Engelke
譯者	許可欣
審訂	林浩立
叢書主編	王盈婷
校對	馬文穎
內文排版	菩薩蠻
封面設計	謝佳穎

出版者	聯經出版事業股份有限公司
地址	新北市汐止區大同路一段369號1樓
叢書主編電話	(02)86925588轉5316
台北聯經書房	台北市新生南路三段94號
電話	(02)23620308
郵政劃撥帳戶第	0100559-3號
郵撥電話	(02)23620308
印刷者	文聯彩色製版印刷有限公司
總經銷	聯合發行股份有限公司
發行所	新北市新店區寶橋路235巷6弄6號2樓
電話	(02)29178022

副總編輯	陳逸華
總編輯	涂豐恩
總經理	陳芝宇
社長	羅國俊
發行人	林載爵

行政院新聞局出版事業登記證局版臺業字第0130號

本書如有缺頁，破損，倒裝請寄回台北聯經書房更換。 ISBN 978-957-08-7115-9 (平裝)
聯經網址：www.linkingbooks.com.tw
電子信箱：linking@udngroup.com

國家圖書館出版品預行編目資料

人類怎麼學：比大數據更重要的事，人類學教你顛覆成見、突破盲點的洞察思考/ Matthew Engelke著．許可欣譯．初版．新北市．聯經．2023年10月．320面．14.8×21公分（聯經文庫）
譯自：Think like an anthropologist
ISBN 978-957-08-7115-9（平裝）

1.CST：文化人類學

541.3 112014589